TAROT WILL BRING
YOU HAPPY
TOMORROW!

78枚ではじめる

つまずかない、あなたにぴったりの答えを導けるタロット

LUA

日本文芸社

　つかうたびに新たな気づきを与えてくれるタロットは、とてもすばらしいツール。その魅力を知れば、誰もが手放せなくなるでしょう。

　タロットははじめてという人も楽しめる『78枚のカードで占う、いちばんていねいなタロット』にはじまり、これまで4作のシリーズを刊行してきました。5作目となるのが『78枚ではじめる　つまずかない、あなたにぴったりの答えを導けるタロット』です。ここでは視点を変えて、タロットを実際につかいこなすためのテクニックをあますことなく公開しています。

　基本はわかったし、読み解きもできるようになったけれど、枚数が多いスプレッドは苦手。最後までカードの意味をつなげられず途中で挫折しがち。難しい質問や複雑なテーマになると、あいまいな答えにしかまとめられない。占っていても、キーワードをただつなぎあわせて、なんとなくリーディングするようになってしまった。テクニックは知っていても、リーディングするときにいかせない。
　こうした悩みを抱える人は多いのではないでしょうか。

　本書は、そんなあなたに贈りたい、LUAの鑑定テクニックを詰め込んだ1冊です。

リーディングを行いながら、鑑定のなかで私自身が無意識につかっていた、さまざまなテクニックを取り出し、みなさんが実践しやすい形にして紹介していきます。

　各スプレッドを読み解くときに注目したいのはどこか。カードにはたくさんの意味があるのに、なぜその答えを導きだしたのか。カードとカードのつながりに、どうしたら気づけるのか。こうした言葉にしづらい、けれど多くの人が抱いている疑問をひろってアドバイスをまとめています。

　実際の占いシーンにそって、まるで私と一緒に占っているように読み進めていくことで、シミュレーションしながら、どのように読み解いていけばよいのかがわかるようになっています。

　答えを導いたのはよいけれど、本当にこれでよかったか迷ってしまう自分を卒業しましょう。あなたが楽しく、最後まで自信をもってリーディングができるようになるまで、本書をお役立ていただければ幸いです。

——— LUA

CONTENTS

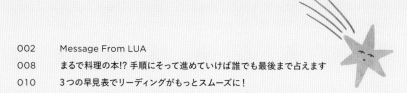

- 002　Message From LUA
- 008　まるで料理の本!? 手順にそって進めていけば誰でも最後まで占えます
- 010　3つの早見表でリーディングがもっとスムーズに！

CHAPTER 1　新しい視点でタロットをはじめましょう

- 012　占った結果に自信がもてないのはなぜ？
- 014　あなたのリーディングを見直してみましょう
- 016　質問が具体的になればスプレッド選びも迷いません
- 018　「下ごしらえ」でリーディングをスタート
- 020　スプレッドをはじめる前の習慣にしたい リーディングの「下ごしらえ」
- 024　スプレッドからリーディングしましょう
- 026　リーディングの「しあげ」で答えを導いて
- 028　ぴったりの答えを導くために毎回行いたい リーディングの「しあげ」

CHAPTER 2　スプレッドでリーディングしてみましょう

- 032　人気&オリジナルのスプレッドで楽しく学びましょう
- 034　このページの読みかた

036　未来を占いたい！　スリーカードで短期間の運の流れを占う
- 037　A　過去から近未来に向かう勢いを読む
- 　　　B　過去のカードは重点的に読む
- 038　C　現在と今の自分カードを組みあわせる
- 　　　D　近未来のカードは延長線上にある未来と読む
- 039　E　近未来を変えたいときはその方法を考える
- 040　CASE.01　私の恋愛運はどうなりますか？

044　どっち？を占いたい！　択一でよりよい選択を占う
- 045　A　選択肢になにを設定するか決める
- 　　　B　強そうなカードを見つける
- 046　C　1枚ずつ選択肢のもつ意味を読む
- 　　　D　逆位置は問題が解決されればOKになり得ると読んでもよい
- 047　E　選択肢を選んだ未来を引き足してみる
- 048　CASE.02　出会いを求めています！　どの方法だとうまくいきますか？

054	💛	気持ちを占いたい！　ハートソナーで相手の気持ちを占う
055	A	相手の心だと思って全体を眺めてみる
	B	まずは現在から近未来の流れを読む
056	C	質問者への印象（内面）はカードに性格をあてはめる
		質問者への印象（外見）はルックスに限定しない
057		質問者への印象に関するカードをセットにして読む
	D	相手の状況と質問者の状況を対比する
058	E	相手の願望にでたカードはとくに重点的に読む
	F	アドバイスにでたカードは近未来とリンクさせて読む
060		CASE.03　好きな人がいるのですが相手にはすでにパートナーがいます

064	📊	問題を解決したい！　ホースシューで原因と解決策を占う
065	A	左側の3枚で問題の状況を把握する
	B	右側の3枚で問題点を探る
066	C	核となる障害はていねいに読む
	D	近未来と最終予想の違いをしっかり理解する
067	E	2つの流れを統合してアドバイスを考える
068		CASE.04　仕事がリテイク続き……原因はなんですか？

074	🔑	相性を占いたい！　ヘキサグラムで関係性を占う
075	A	2つの三角形のバランスを見る
	B	時間の流れで問題の推移をチェック
076	C	お互いの気持ちを見比べる
	D	ふたりの気持ちを踏まえて問題の原因を探る
077	E	最終予想からアドバイスを考える
078		CASE.05　別れた恋人と再び会うか迷っています

084	🔑	深層心理を占いたい！　ケルト十字で心のなかを占う
085	A	現状把握からはじめる
	B	障害となっていることは正逆を考えない
086	C	質問者の心のなかを顕在意識・潜在意識から読む
	D	問題の原因を示す2枚のつながりを探す
087	E	問題の原因を掘り下げる
	F	運の流れをチェックする
088	G	まわりとのかかわりを読む
088	H	質問者の本当の望みを読み解く
089	I	最終予想とあわせてリンクするカードを探す
090		CASE.06　義理の母との関係がうまくいっていません

096 ❗ **人間関係を占いたい！** キーパーソンで人間関係を占う

097 **A** どんな価値観を重んじるのかをスートで見る

B どんな役割が得意かを階級で見る

098 **C** 正位置・逆位置でグループに向き合う姿勢を見る

D 全体を見ながら個々のキャラクターを分析する

099 **E** グループのカギを握るアドバイスを見る

100 **CASE.07** PTA役員に任命されました。うまくやっていくには？

104 ✖ **運気を占いたい！** ホロスコープであらゆる運を占う

105 **A** 気になるカードの位置をチェックする

106 **B** スプレッド全体の傾向を見る

107 **C** 反対側にあるカードと補いあいながら読む

108 **D** 知りたいテーマ別に見るべきカードをチェック

109 **E** 最終予測からアドバイスを読み分ける

110 **CASE.08** これから半年の運気を知りたいです！

116 ❗ **時期を占いたい！** カレンダーでタイミングを占う

117 **A** 占いたい時期や期間を整理する

B 決めた時期についてカードを引く

118 **C** いちばんよさそうな時期をしぼり込む

D さらにしぼり込んでカードを引く

119 **E** よりよい時期を検討する

CASE.09 新商品の発売日はいつがよいですか？

124 ❤ **YES／NOを占いたい！** アンサーサーチで決断を占う

125 **A** YES・NOがあらわす行動を決める

B でたカードの様子を探る

126 **C** 今の自分カードとのつながりを見る

D 判断がつかない場合は引き足す

127 **E** 最終的にとる行動を決める

128 **CASE.10** 髪を切りにいくよう注意されました

132 ❗ **本格鑑定をしたい！** スプレッドを組みあわせてより深く占う

133 **A** 質問にあった1つめのスプレッドを選ぶ

134 **B** 1つめのスプレッドをリーディングする

C 2つめのスプレッドを選ぶ

135 他人の視点で占うこともできる

		過去を占うことで納得しやすくなる
136	D	2つめのスプレッドを展開、1つめとのリンクを探す
		スプレッド全体の勢いを比較してみる
137		2つのスプレッドをよりこまかく見比べる
	E	2つのリーディングを統合して結論を導く
138	CASE.11	仕事を抱え込みすぎて終わりません……
142	CASE.12	お金が入ってくるか知りたいです

CHAPTER 3　リーディングのスキルを高めましょう

146	リーディングの力を高めるには1枚のカードから
148	ワンオラクルをトレーニングに活用しましょう
150	あなたはどっちのワンオラクル？ 顕在意識引き＆潜在意識引き
152	小アルカナの「スート」で問題の本質をつかみましょう
154	スートとエレメントがわかりやすくなる！ エレメント・スプレッド
156	小アルカナの「数」で問題の動きをつかみましょう
158	気になるモチーフを手がかりにしましょう

そばに置いておきたい　タロットのきほん

162	タロットカードの基本構成
164	大アルカナ ——個性豊かな22のキャラクター
170	小アルカナ ワンド ——強い情熱や意志をあらわす
174	小アルカナ ペンタクル ——富や豊かさをあらわす
178	小アルカナ ソード ——思考や人間関係をあらわす
182	小アルカナ カップ ——感情や心のつながりをあらわす
186	気持ちをこめることが大切！ タロットカードのつかいかた
188	こんなことも聞いてみたい！ タロットにまつわるQ&A
190	発想力をみがきたい！ 身につけておきたい小さな習慣

COLUMN

030	ウエイト版 マルセイユ版ってなに？
144	自分にぴったりのカードを選ぶには？
160	友だちを占うときに必要なものは？

まるで料理の本!?
手順にそって進めていけば
誰でも最後まで占えます

　この本は、今までの教科書から一歩進んで、私と一緒に占いながら学んでいるような気持ちになってくれるものを目指してつくりました。

　もっと本格的に占いたい、何枚もカードをつかったスプレッドをマスターしたいなど、カード1枚の意味を考えて終わるのではなく「リーディング」できるようにあなたをサポートします。

　1章では、はじめる前に情報を整理する「下ごしらえ」、リーディングをまとめる「しあげ」など、新しい視点でリーディングへの取り組みかたを提案します。

　2章ではスプレッドとともに、私が実際の鑑定で、いつどのようなところに着目しているのか、それをどのように組みあわせてリーディングしているのか、フローの形でていねいに解説。フロー通りに一緒にリーディングしていけば、どんな人も本格的なリーディングができるでしょう。

　3章は、あなたのリーディングをさらに進化させるためのレッスンです。LUAオリジナルのスプレッドをつかったトレーニングなど読み解く力がつくアイデアがつまっています。

　この1冊があれば、あなたのリーディングを格段に成長させることができるでしょう。

リーディングをはじめる前に「下ごしらえ」があると知っていますか?

スプレッドを展開したら、どんなカードがでているかをチェックする「下ごしらえ」のプロセスを提案。料理でいえば、材料をそろえて下準備するようなもの。リーディングがスムーズになりますよ。

イレブンタロット

同じ数やスート

テクニック&フローで占いながらコツをつかんで

カードをめくったとき、どこに注目するの? いつ、どんなテクニックをつかう? 実際にスプレッドを展開し、フローの形でポイントを解説しています。手順にそって占いながら、コツをつかんでいけるようになっています。

Ⓐ 過去から近未来に向かう勢いを読む

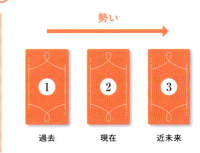

勢い

① 過去　② 現在　③ 近未来

Ⓑ 過去のカードは重点的に読む

「しあげ」と穴埋めスプレッドでリーディングをまとめて

最後にタロットの「しあげ」をしましょう。スプレッドの各位置にでたカードのキーワードを入れるだけでストーリーがまとまる「穴埋めスプレッド」とあわせれば、複雑なスプレッドや難しい質問でも、最後まで占えるようになるでしょう。導いた答えも、あなたにぴったりのものになるはず。

WHAT CAN YOU SEE?

① 過去　かつて、この問題は　　　　　　状況でした。

② 現在　今、この問題は　　　　　　状況にあります。

③ 近未来　これから、この問題は　　　　　　状況になっていくでしょう。

009

3つの早見表で
リーディングがもっとスムーズに！

〈 大アルカナ イレブンタロット早見表

私のリーディングでつかうテクニックの1つが「イレブンタロット」です。大アルカナ22枚のカードのうち、足して20になるカードの組みあわせのことで、このペアがスプレッドにでた場合、なんらかのヒントがあるとして重点的にリーディングします。組みあわせを覚えるまでは、この早見表を参照するとよいでしょう。

小アルカナ 数 早見表 〉

リーディングのカギを握るのが「数字」です。スプレッドに同じ数字がでた場合も、私はその数が秘めているメッセージを重視してリーディングしていきます。小アルカナの数字は、覚えづらいものですが、この早見表があれば異なるスートとまとめて覚えることができます。

バーコードを読み取ると、
特典ページに遷移します。

スプレッド リーディングテクニック&フロー早見表

購入者特典として、本書で紹介するスプレッドとリーディングテクニック&フローをまとめた早見表をダウンロードすることができます。占いの練習をする際に参照しやすい縦スクロール画面で見られるので、上達が早まるでしょう。

https://sp.nihonbungeisha.co.jp/lua_tarot/

CHAPTER

1

NEW PROCESS
OF TAROT READING

新しい視点で
タロットを
はじめましょう

これまでにつまずいてしまった人も
はじめての人も、きちんと占えるようになる
リーディングを紹介します。
きっとあなたもじょうずになりますよ。

NEW PROCESS OF TAROT READING

占った結果に
自信がもてないのはなぜ？

タロットを手にとり、占いはじめたものの、「これであってる？」と不安になったり。「あたっているのか、あたっていないのかよくわからない」といつしか飽きてしまったり。せっかくタロットカードというすばらしい道具とめぐりあえたのに、あまりつかいこなせずにいる人は意外と多いかもしれません。

ほかにも次のような悩みがあるでしょう。

単純な答えしかだせない。最後まで占えない、複雑なスプレッドが苦手。スプレッドの配置や意味を覚えられない。逆位置や、思っていたイメージと違うカードがでるとどうリーディングしてよいかわからなくなってしまう。悪いカードがでるとやる気がなくなってしまう。この答えでよいのか、自信がもてないことが多い。

こういうとき、多くの人が陥りやすいのが、本に書かれたスプレッドの番号順に1枚1枚意味を調べてみて「結局、どういうことなのかわかったような、わからないような……」と思いつつ、本を閉じるパターン。

心当たりがあるのではないでしょうか？

これはタロットで「占っている」というより、カードの意味を1枚ずつ確認しているだけ。せっかくスプレッドで複数のカードをつかっているなら、一問一答のように、個々の意味を知るだけで終わってしまわずに、もっといろいろな読みかたができるはずなのです。

あなたのタロット占い
意味の確認作業で
終わってしまっていませんか？

カード1枚1枚ではなくスプレッド全体をとらえることがリーディングです

プロの鑑定を見たとき「なぜ、このカードからそんな解釈ができたんだろう」「占っていくプロセスがすごく複雑でこまかいな」と驚いたことはありませんか。

これはカードを1枚ではなく、スプレッド全体からとらえているからなのですね。

たとえば、スプレッドにでた複数のカードの意味を組みあわせて、独自の解釈をすることもあります。カードとカードのつながりによっては、教科書とは真逆の意味で読んでも、むしろあたっているように感じさせることもあるかもしれません。たった1つのモチーフから質問とのリンクを見つけ、物語のようにイメージをふくらませてリーディングをすることもあります。スプレッドにでていないカードから、なぜでていないのか、理由を推測することもできるでしょう。

こうしたことは、1枚のカードの意味を確認しているだけでは難しいもの。これこそが「リーディングする」ということなのです。

実際にやってみようとすると難しく感じるかもしれませんが、心配はいりません。ここで紹介するスプレッドをリーディングするためのメソッドを学べば、あなたにも同じことができるようになりますよ。

新しい視点でタロットをはじめましょう | 013

あなたのリーディングを見直してみましょう

多くの人は、タロットリーディングのプロセスをこんなふうに考えているのではないでしょうか。

① 質問を考える
② スプレッドを選ぶ
③ リーディングする

目に見える動きとしては確かにこの3つ。でも実際、プロのリーディングは少し違っている部分もあります。実は①質問を考えることと、②スプレッドを選ぶことは同時。質問がしぼり込まれて具体的になると、おのずと使用すべきスプレッドも決まってくるものなのです。

そして③リーディングするというプロセスには段階があります。私はこの段階を今回、「下ごしらえ」「スプレッドのリーディング」「しあげ」の3つに整理しています。まとめると、このようになりますね。

① 質問を考えてスプレッドを選ぶ
② 下ごしらえ
③ スプレッドのリーディング
④ しあげ

とくにこの②〜④のプロセスを意識すると、ぐっと奥深いリーディングができるようになるのです。

リーディングをするときの手順を少しだけブラッシュアップ

「下ごしらえ」と「しあげ」で リーディングがぐっと 本格的になります

特徴的なのは②**下ごしらえ**でしょう。実は鑑定でスプレッドにカードを並べ、質問者に答えるまでに、多くのプロがしていることです。

カードをめくりながら、どんな絵柄がでているか、正位置・逆位置（P163）のバランスはどうか、大アルカナが多いか、小アルカナが多いか、スートのバランスはどうか……といったことをチェックしているのです。そして質問内容とリンクする部分、たとえば恋愛の相談ならカップがでている、転職を占うなら全体に数の大きいカードが多いから転機にあるなどと確認していきます。

こういう下ごしらえの作業があってはじめて、③**スプレッドのリーディング**に入ることができるのです。プロの人は無意識にやっていることも多いのですが、意識して行いやすくするためプロセスにしてみました。

そして質問者にぴったりあった答えを導くために大切なのが、④**しあげ**です。わからないカードがあったら意味を確かめたり、もっと知りたいことがあればアドバイスカードを引いたり。そしてわかったことを言葉にしてまとめる作業によって、きちんと達成感のあるリーディングをすることができるのです。

次のページから、それぞれの手順のポイントを解説していきます。難しくないのでひとつひとつ確認して学んでいきましょう。

新しい視点でタロットをはじめましょう | 015

質問が具体的になれば
スプレッド選びも迷いません

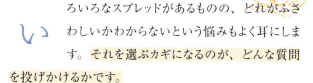

知りたいことはなにか はっきりするとスプレッドが おのずと決まります

いろいろなスプレッドがあるものの、どれがふさわしいかわからないという悩みもよく耳にします。それを選ぶカギになるのが、どんな質問を投げかけるかです。

私たちは意外と、なにを占いたいのかわかっていないものです。多くの人は悩み自体がぼんやりしています。恋愛運といっても、これから訪れる出会いがいつかを知りたいのか、どういうつきあいを望んでいるのか、結婚も視野に入れたいのか、占う前にじっくりと質問を考えるようにしましょう。その際、右ページのポイントを意識するとよいでしょう。

多くの場合、私たちの知りたいことは、未来・問題解決策・運気・人の気持ち・相性・二択・深層心理・人間関係・時期・YES／NOの10種類のうちのどれかです。

恋愛運のような大きな範囲での未来を知りたいなら「スリーカード」（P36）がふさわしいでしょうし、出会いがないという問題の解決策を知りたいなら「ホースシュー」（P64）がよいでしょう。恋愛を遠ざけている深層心理を知りたいなら「ケルト十字」（P84）です。

「自分がなにを知りたいのか」を明確にすること。スプレッドには得意なテーマがそれぞれあるので、質問が具体的になれば、選びやすくなるでしょう。

質問を考えるときは
こんなポイントを心がけて

知りたいことはなに？
具体的に考えてみる

知りたいのは未来なのか、誰かの心のなかなのか、アドバイスなのか。質問のゴール地点を決めましょう。なんとなく占うと、なんとなくの答えしか返ってこないだけでなく、考えを混乱させるカードがでることも。しっかり考えて、納得のいく形にまで質問をかためましょう。

なぜ、それを知りたいのか
もう一度、問いかけてみる

質問がまとまったら、ここで一歩踏み込んで「なぜそれを知りたいのか」まで考えてみてください。「転職するならいつ？」という質問の背後には「いつも同じパターンで会社を辞めてしまう自分の性格をなんとかしたい」という根本的な悩みが隠れていることもあります。

相手のことを
変えるような質問はNG！

「〇〇さんに私を好きになってもらうには？」のように他人の気持ちや行動を変えるような質問はNG！人の心を変えることはできません。「〇〇さんに好きになってもらえる自分になるには？」というように、あくまで自分の行動について考えるようにしましょう。

次の行動に結びつく
質問を考える

占った結果から、自分の力で人生を動かしていけるような質問をしましょう。どうせ両思いになれないと諦めて占ってもカードは真剣に答えてくれませんし、漠然と「あの人の気持ち」を占っても前に進めませんよね。「両思いになるために自分がとるべき行動は？」と質問しましょう。

新しい視点でタロットをはじめましょう | 017

NEW PROCESS OF TAROT READING

「下ごしらえ」で
リーディングをスタート

タロットリーディングの新しい取り組みかたとして、ぜひ提案したいのが「下ごしらえ」です。
　スプレッドに配置したカード全体を見て、正位置と逆位置の割合はどうなっているか、スートや数に偏(かたよ)りはあるか、同じようなカードはでていないか、全体の色合いはどうなっているか、特徴的なモチーフはあるか、といったことをチェックしていくものです。

　スプレッドにでたカードをリーディングする前にやっておく下準備ですね。料理でも、調理をする前に材料を洗ったり、切ったり、下味をつけておきますよね。同じように、でたカードの類似点や違う部分を分類したり、読みやすく整えておいたりしておく作業と考えるとわかりやすいでしょう。

　下ごしらえを行っておくと、カードとカードが意味をもってつながり、新たな解釈が生まれやすくなります。たとえば〈愚者〉の意味を「自由」と暗記しているだけでは「今、あなたは自由な状況ですね」というのが精いっぱいですが、ほかに「3」のカードが複数でていると気づければ「3が示すように、今まさに動きだす時期で、自由を謳歌したい気持ちになっているのでは？」など、解釈を補強していくことができます。
　「下ごしらえ」はあなたが自信をもってリーディングするための下支えをしてくれるのです。

情報を整理するとカードどうしのサインに気づきやすくなります

018

下ごしらえした材料であなたのリーディングを補強していきましょう

ごしらえのやりかたは次のページで詳しく解説しますが、いくつかポイントがあります。

① 「今の自分カード」を引く
② スプレッド全体を見渡す
③ 数字をチェックする
④ スートをチェックする
⑤ 正位置・逆位置をチェックする
⑥ イレブンタロットをチェックする
⑦ 気になるモチーフをチェックする

　この項目をひととおりチェックして、「逆位置が多いからあまり前向きではないのかも」「ソードが多いからストレスがたまっている？」など、全体を見て感じられたことから全体的なリーディングの方向性を立てておくとよいですね。

　また、タロットにまつわる知識やテクニックが増えると発見できることも増えるものです。数あるつながりのなかで、そのときの状況によってどれをチョイスするかが重要です。1つの着眼点にこだわりすぎないようにしましょう。

　「下ごしらえ」をきちんとやっておくと、次のプロセスである、スプレッドのリーディングの説得力が増します。むしろ下ごしらえだけでも、質問の答えがほとんどわかってしまったりすることもあるくらいなのです。

新しい視点でタロットをはじめましょう | 019

スプレッドをはじめる前の習慣にしたいリーディングの「下ごしらえ」

　スプレッドの個々のカードを読む前に「下ごしらえ」をしましょう。リーディングの材料をまな板の上にのせるような作業といえますね。ここででそろった素材を駆使して、おいしい料理をつくる、つまりリーディングをしていくので、最初のうちは時間をかけてていねいに行いましょう。

POINT 1　今の自分カードを引く

　スプレッドとは別に、事前に1枚カードを引いておきましょう。これを「今の自分カード」と呼んでいます。鑑定に向き合っている、今このときの質問者をあらわします。鑑定に前向きなのか否か、悩みが多い状態なのかどうかといったことをあらかじめ見ておきます。スプレッドにでたカードとつながりをもつことも多いよう。リーディングの手がかりになるので、本書では必ず引くようにしています。

POINT 2

スプレッド全体を見渡す

カード1枚1枚の意味を考える前に、全体を見渡しましょう。最初にパッと目についた部分をチェック。そこがリーディングの核になります。すぐにカードの意味を考えはじめると、大事な情報を見落としてしまいます。最初に「注意が必要そうだな」という印象を受けたのに、不安をかきけそうと、よさそうなカードばかり見てしまったり。最初になにかを感じたカードや目立った部分を大事にして。

POINT 3

カードの数字をチェックする

小アルカナには数が割りふられています。同じ数のカードばかりがでているときは、その数がリーディングの手がかりになります。またカードの数は問題の動きや勢いもあらわします。それぞれの数の意味は本書付属の「小アルカナ 数 早見表」にまとめてあるので、そばに置いて練習するとよいでしょう。

新しい視点でタロットをはじめましょう | 021

POINT 4 スートの偏り(かたよ)をチェックする

小アルカナには、ワンド・ペンタクル・ソード・カップというスートが割りふられています（P170）。スプレッドのなかでどのスートが多いかによって、問題のもつ傾向や本質がわかります。たとえば恋愛を占っているのにソードばかりなら「頭で考えすぎているのではないか」と推測できます。初心者のうちは、ここをチェックするだけでもヒントが多いでしょう。

POINT 5 正位置・逆位置をチェックする

カードの天地（上下）が正しくでる状態を正位置、逆にでる状態を逆位置といいます（P163）。カードが逆位置にでると、意味が強くでたり、暴走したり、逆に弱まっていると読みます。つまり正常に発揮されていないということですね。スプレッド内の逆位置の割合が半分以上になっているときは、問題がこじれていると読めます。

POINT 6 イレブンタロットをチェックする

イレブンタロットとは大アルカナ22枚のうち、足して20になる11通りの組みあわせのこと（ただし〈10 運命の車輪〉と〈21 世界〉は足して20にならない特別な組みあわせです）。本書付属の「大アルカナ イレブンタロット早見表」に一覧になっているので活用してください。これがでた場合、なんらかの重要な手がかり。スプレッドのどの位置にでたのかがヒントになるでしょう。

POINT 7 気になるモチーフをチェックする

1枚のカードにはいろいろなモチーフが描かれていますね。「今日はなぜか、このモチーフに目がとまった」というものがあれば、それは大切な手がかり。また「モチーフが〇〇に見える」など、質問の内容とリンクしたときも重要です。あなたのなかからわきあがってきた「〇〇かも？」というインスピレーションは答えを暗示することが多いでしょう。

新しい視点でタロットをはじめましょう ｜ 023

NEW PROCESS OF TAROT READING

スプレッドから リーディングしましょう

スプレッドからつながりを見つけてリーディングのヒントに

よいよ、スプレッドのリーディングに挑戦です。スプレッドとは、タロットで占う際に、カードを並べた形のこと。設定した質問を分析するために、カードを特定の形に並べて、それぞれの位置に「過去」「アドバイス」など必要な情報をふりわけています。配置とカードの組みあわせがリーディングを導きます。そうでなければ、「私の現在の状況は？」「過去はどう考えたらよい？」「未来はどうなる？」と、ただワンオラクルを繰り返せばよいだけになりますよね。

カードをスプレッド展開することで、占うテーマが整理されます。隣あったカードで似ている部分に気づいたり、全体でつながる部分がでてきたりして、==さまざまなカードから意味の組みあわせが生まれていくのが、スプレッドのリーディングなのです。==

教科書に書かれた番号の順に、均等にカードを読まなければならないのではないかと思い込んでいる人もいますが、そんなことはありません。「下ごしらえ」のあとは、どのカードから読みはじめてもよいのです。気になるところから読んでもよいですし、あまり重要そうでないカードはあとまわしにしてもかまいません。もちろん、==とくに重点的に読みたい部分や目のつけどころはあります。==本書でスプレッドならではのリーディングのしかたのコツがつかめたら自分だけのやりかたを探してもよいですね。

同じカードでも
どの位置にでるかで
見えかたや意味は変わります

スプレッドを見ていちばん最初に気になった部分は非常に重要です。そのカードからスタートして、つながりがありそうなカードを探していくのもよいでしょう。リーディングの手がかりを見つけやすくなります。ここで「下ごしらえ」（P18）した材料が生きてくるでしょう。

さらにカードはどこにでたか、どんなカードと隣りあっているかによって、見えかたが違うはずです。スプレッドの「過去」の位置にでた〈隠者〉は過去に強いこだわりがありそうに見えますが、「未来」の位置にでた〈隠者〉は静かにこの先に自分の生きかたを思い描いているように見えるかもしれません。

また結婚について占って、自分をあらわすカードとして〈皇帝〉がでた場合、相手に〈女帝〉がでれば仲のよい夫婦を連想するかもしれませんが、〈ワンドのクイーン〉だったら、激しくぶつかりあうカップルになり、同じ〈皇帝〉でも解釈がまったく違ってくるかもしれませんね。

位置によってカードの意味はこれくらい大きく変わるものなのです。いろいろな意味に受け取れてしまってどのように解釈すればよいかわからなくなったり、混乱してきたときは「そばに置いておきたいタロットのきほん」（P161）で、ベーシックな意味を振り返るとよいでしょう。

新しい視点でタロットをはじめましょう | 025

NEW PROCESS OF TAROT READING

リーディングの「しあげ」で答えを導いて

最後のプロセスが「しあげ」です。料理でいうと最後に味をととのえたり、美しくお皿に盛りつけたりする作業のイメージで、次のことに取り組みましょう。

① わからないところはカードを引き足す
② 鑑定結果をまとめる
③ アドバイスカードを引く

リーディングしていると「このカードの意味はどれにしたらよい？」「どうしてこの位置にこのカードがでたんだろう？」と、読めないカードがでてくることはあるでしょう。いちばんよくないのは、なんとなく読み解くのを避けてしまうこと。わからないところを無意識に避けるクセがついてしまい、リーディングが上達しないままになってしまいます。

そんなときは①わからないところはカードを引き足すことです。「このカードを解釈するヒントをください」とカードを1枚、追加で引いてみましょう。そのカードを判断にプラスして、あらためて読み解いてみて。すべてのカードは意味があってでています。読めないカードがでたときほど、がんばりどき。スプレッド内によくわからない部分を残さず、すっきりとした気持ちになれるまでじっくりリーディングしましょう。

よくわからない部分を残すことなくリーディングをまとめましょう

026

しあげをていねいに受けとめてタロットと友だちになりましょう

要なのが②鑑定結果をまとめることです。リーディングが迷いなくゴールまでたどりつくことはまれ。途中で「こっちかも？ それともこうかも？」と考え込むことも多いはず。どんな答えを導いたのか、最後に言葉であらわすようにしてみましょう。そうすることで、きちんと鑑定結果がまとまります。

自分自身を占っている場合は、口にだしたり、スプレッドを写真に撮ってメモをそえておくとよいですね。

誰かを占った場合も、スプレッドのなかで相反する意味合いのカードがでていたりすると、相手も混乱しがち。最後にきちんと答えをまとめましょう。

また、答えからアドバイスがほしくなったり、占ったテーマにまつわることで追加の質問がでてくることもよくあります。その場合は、③アドバイスカードを引くようにしましょう。

新たに占うよりも、そのまま質問を続けてカードを1枚引くほうが、つながりのあるよいリーディングができます。料理でいえばデザートのように、リーディングの完成度を上げてくれる重要な位置づけです。

「しあげ」までしっかり行うと、1回ごとのリーディングがきちんと意味をもってきます。回数を重ねていくにつれ、タロットカードとの間に信頼関係が生まれてくるのがわかるはずです。しだいに、どんなことにも答えてくれる、友だちのような存在になっていくでしょう。

新しい視点でタロットをはじめましょう

ぴったりの答えを導くために
毎回行いたい
リーディングの「しあげ」

　途中でよくわからなかったところができてしまったり、具体的な結果をだせなかったり。そんなあなたも、リーディングの「しあげ」を行うことで答えがより明確になり、納得して終わらせることができますよ。

POINT 1
どうしても読めないときは
カードを引き足して

スプレッド内で、最後まで解釈に困ってしまったカードがあったら、カードを引き足しましょう。「このカードを解釈するヒントをください」といって1枚引き、それを参考にリーディングします。タロットはでたカードが絶対であると考えます。そのため、違うカードを引きなおすのはNGですが、このように引き足すのはOKです。

POINT 2
鑑定結果をまとめる

いろいろなカードに意識が向いて結論がわかりづらくなることもあります。最後にきちんと鑑定をまとめるよう意識しましょう。本書では、各スプレッドの終わりに「穴埋めスプレッド」を用意しています。空いているところにキーワードを入れていくと1つのストーリーになるため、答えをまとめるときに活用しましょう。もちろん、これに縛られず自由にリーディングができるようになればなおよいでしょう。

POINT 3
追加の質問には「アドバイスカード」を

「恋の出会いはいつ?」と占ったとき、「相手はどんな人?」など、追加で聞きたいことがでてくることもありますよね。そんなときは、残っているカードから「アドバイスカード」を1枚、引くとよいでしょう。これは質問に対し、助言をくれるカードのことです。恋愛を占っていたけど仕事のことも知りたくなったなど、別の質問なら、新たにスプレッドを展開しなおして。

新しい視点でタロットをはじめましょう | 029

COLUMN

ウエイト版マルセイユ版ってなに？

タロットで占う際に、必要なものといえばタロットカードです。いちばん有名なのはウエイト版と呼ばれるもの。小アルカナにも1枚ずつ絵が描かれており、初心者ならウエイト版に基づいたものがいちばんつかいやすいでしょう。マルセイユ・タロットは1枚ごとの意味合いがウエイト版と異なり、やや難易度が上がります。タロットに慣れてきたらぜひトライしてみてください。

ライダー・ウエイト・スミス・タロット

世界でいちばん、有名なタロットがこのウエイト版です。19世紀に秘密結社「黄金の夜明け団」に所属していた、アーサー・エドワード・ウエイトが考案、パメラ・コールマン・スミスが絵を描いて、ライダー社から販売されました。

マルセイユ・タロット

ウエイト版より古く、16世紀にヨーロッパで普及しました。木版画で小アルカナのヌーメラルカードはスートと数によって表現されており、ウエイト版のように人物は描かれていません。数字の意味で理解したい人向けです。

もっとある！タロットカード

2つ以外に有名なものとしては、現存するもののなかでもっとも古いヴィスコンティ・タロットや、魔術師アレイスター・クロウリーが制作したトート・タロットなどがあります。いずれも興味がわいたら専門的に学んでみるとおもしろいですよ。

CHAPTER

2

スプレッドで
リーディング
してみましょう

ここからは実際の鑑定に私がつかっている
テクニックをフロー形式で見ていきます。
あなたのリーディングにぜひ活用してください。

HOW TO DO

TAROT READING

人気&オリジナルのスプレッドで楽しく学びましょう

HOW TO DO TAROT READING

スプレッドを読み解くためのポイントを押さえましょう

こからは、スプレッドを見ながらリーディングのポイントを解説していきます。

今回は10種類のスプレッドをピックアップ。古くからタロット愛好家に活用されている有名なもののほか、LUAオリジナルの「ハートソナー」、新たに「アンサーサーチ」「キーパーソン」といったスプレッドを紹介します。複数のスプレッドを組みあわせてアレンジする方法も解説しています。

スプレッドは「リーディングテクニック&フロー」の形で紹介。「ここに読み解きのヒントがありますよ」というポイントをフローで占いながら見せています。

さらにこのテクニックをつかった実際のリーディング例で、流れにそってコツをつかみやすくしています。この通りに読み進めれば「下ごしらえ」(P20)で用意した材料をどのようにつかっているか、「しあげ」(P28)ではどのようにまとめているかがわかるはず。

リーディング例では、テクニックをつかう順番を工夫したり、また「下ごしらえ」の段階でほとんど答えにたどりついてしまうこともありますが、それも応用として参考になるでしょう。

本書で紹介している
10のスプレッド＆アレンジ

占いたい内容に応じて、10種類のスプレッドを紹介。
伝統あるものからLUAオリジナルスプレッドまで
どれもつかいやすいものばかりです。

未来を占いたい！ ……………… スリーカード／P36

どっち？を占いたい！ ……… 択一／P44

気持ちを占いたい！ ………… ハートソナー／P54

問題を解決したい！ ………… ホースシュー／P64

相性を占いたい！ ……………… ヘキサグラム／P74

深層心理を占いたい！ …… ケルト十字／P84

人間関係を占いたい！ …… キーパーソン／P96

運気を占いたい！ ……………… ホロスコープ／P104

時期を占いたい！ ……………… カレンダー／P116

YES/NOを占いたい！ …… アンサーサーチ／P124

本格鑑定をしたい！ ……… スプレッドを組みあわせる／P132

スプレッドでリーディングしてみましょう ｜ 033

このページの読みかた

スプレッドごとに、どんなところに注目してリーディングすればよいのか、ポイントを解説していきます。さらに全体の流れが見えるリーディング例で学びを深めましょう。

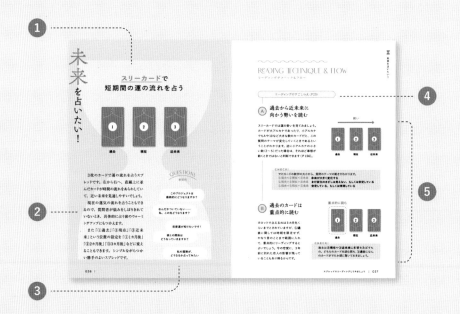

❶ スプレッド
紹介するスプレッドと、各位置に置かれたカードの意味です。

❷ スプレッドの特長
どんなことを占うのに適しているか解説しています。

❸ 質問例
このスプレッドで占うのに向いている質問の例です。

❹ リーディングの下ごしらえ
スプレッドを展開したら、「リーディングの下ごしらえ」(P20)で紹介している7つのポイントをチェックしてみて。ここで気づいたことが、リーディングするときの糸口になります。

❺ リーディングテクニック&フロー
LUAがリーディングでつかっているテクニックと、その流れをⒶから順番にフロー形式で紹介します。CHECK!はそれぞれの段階におけるポイントとなる部分です。

⑥ リーディングのしあげ
スプレッドを見終わったら「リーディングのしあげ」(P28)で紹介しているポイントをチェックして、鑑定をクロージング（終える）しましょう。

⑦ しあげから導いた答えは？ 穴埋めスプレッド
リーディングのしあげをしながら、まとめとしてスプレッドの穴埋めに挑戦しましょう。「そばに置いておきたいタロットのきほん」(P161)に掲載しているカードのキーワードを参考に、各位置にでたカードの意味を空欄に入れていくと、1つのストーリーになります。

⑧ リーディングレッスン
実際の悩みを占った、LUAによるリーディング例です。「下ごしらえ」から「しあげ」まで、どのような流れで行われているのかを見ていきましょう。とくに「リーディングテクニック＆フロー」で紹介している技をどこでどのようにつかっているかに注目。ときには組みあわせたり、下ごしらえだけで結果を導いているときもあるので参考にしてみて。また質問者とLUAのやりとりのなかにも、リーディングのヒントがありますよ。

スプレッドでリーディングしてみましょう | 035

<u>スリーカード</u>で 短期間の運の流れを占う

過去　　　現在　　　近未来

3枚のカードで運の流れを占うスプレッドです。左から右へ、直線上に並んだカードが時間の流れをあらわしていて、近い未来を見通しやすいでしょう。

現在の運気の流れを占うこともできるので、質問者が悩みをしぼりきれていないとき、具体的に占う前のウォーミングアップにもつかえます。

また「①過去」「②現在」「③近未来」という位置の設定を「①1カ月後」「②2カ月後」「③3カ月後」などに変えることもできます。シンプルながらつかい勝手のよいスプレッドです。

QUESTIONS
質問例

このプロジェクトは最終的にどうなりますか？

なんだかついていない……私、この先どうなります？

恋愛運が知りたいです！

彼との関係はどうなっていきますか？

私の運勢が、どうなるか占ってみたい

READING TECHNIQUE & FLOW
リーディングテクニック＆フロー

> リーディングの下ごしらえ（P20）

A　過去から近未来に向かう勢いを読む

スリーカードでは運の勢いを見てみましょう。カードが大アルカナであったり、小アルカナでもAや10など大きな数のカードだと、この質問のテーマが変化していくときであるということがわかります。逆に小アルカナの小さい数（2〜5）だった場合は、それほど事態が動くときではないと判断できます（P156）。

勢い

① 過去　② 現在　③ 近未来

CHECK!
でたカードの数字の大小から、質問のテーマの動きがわかります。
①過去＜②現在＜③未来　　未来が大きく変化する
①過去＞②現在＞③未来　　まだ変化のきざしは見えない、もしくは安定している
①過去＝②現在＝③未来　　安定している、もしくは停滞している

B　過去のカードは重点的に読む

タロットで占えるのは3カ月先くらいまでとされていますが、①過去に関しては時期を限定せず、かなり昔のことまで範囲に入れて、重点的にリーディングするとよいでしょう。今の恋愛に、3年前に別れた恋人の影響が残っていることもあり得るからです。

重点的に読む

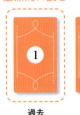
過去

現在

近未来

CHECK!
過去は②現在や③近未来に影響を及ぼすもの。どちらのカードを読む際も、①過去になんのカードがでたか頭に置いておきましょう。

未来を占いたい！

スプレッドでリーディングしてみましょう　｜　037

C 現在と今の自分カードを組みあわせる

②**現在**にでるのはこの問題における現在のスタンスで、「下ごしらえ」で引いた**今の自分カード**は今の質問者のコンディションです。スタンスとしては「問題の解決に前向き」であっても、コンデイションとしては「仕事が忙しくて疲れぎみ」というケースも。2枚の意味を組みあわせてみるとよいでしょう。

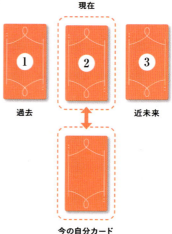

CHECK!
今の自分カードが正位置なら問題に前向き、逆位置ならやや及び腰というイメージです。

D 近未来のカードは延長線上にある未来と読む

③**近未来**とは、このまま進むと実現する可能性が高い未来です。よいカードがでればうれしいものですが、なにもしなくてもよいかというとそうではありません。占いの結果に油断していれば、③**近未来**も変わる可能性があります。

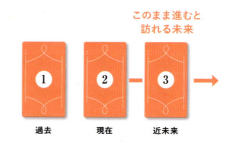

CHECK!
③**近未来**が大アルカナやA、9以上の小アルカナだった場合は近未来にやや確定的なできごとが起こりやすく、数の小さい小アルカナだった場合、近未来が変わりやすくなります。

未来を占いたい！

 E 近未来を変えたいときは その方法を考える

③**近未来**によい印象ではないカードがでてしまったら落ち込みますよね。でもカードによい悪いは存在しません。なにを伝えているのか、ていねいにリーディングしてみて。もしここに逆位置がでてしまったら、正位置に戻すにはなにが必要かを考えてみると問題解決のヒントになります。また逆位置の意味の取りかたも複数あるので（P163）どれがあてはまるか考えてみて。

変えたい！

過去　現在　近未来

CHECK!
スリーカードは枚数が少ないので、③**近未来**によい印象ではないカードがでてしまったら「アドバイスカード」(P29)を必ず引くとよいでしょう。

リーディングのしあげ（P28）

しあげから導いた答えは？ 穴埋めスプレッド
空欄をカードのキーワード（P164〜185）で穴埋めしてリーディングをストーリーにまとめてみましょう。

- 今の自分カード 　　　　　
① 過去　　かつて、　　　　　　　状況でした
② 現在　　今、　　　　　　　状況にあります
③ 近未来　これから、　　　　　　　状況になっていきます

スプレッドでリーディングしてみましょう ｜ 039

リーディングレッスン

" 私の恋愛運は
どうなりますか？"

CASE.01

①過去　　　　②現在　　　　③近未来
皇帝 逆　　　カップの5　　運命の車輪

今の自分カード
ペンタクルの5 逆

下ごしらえ

「今の自分カード」が
わかりやすく状況を暗示

正位置であれば「助けの手をさしのべられても拒絶してしまう」「プライドが邪魔をしていて恋ができない」と読めますが、逆位置なので、その状況が改善されつつあると解釈できます。これを念頭に置いてスリーカードを読んでいきましょう。

今の自分カード
ペンタクルの5 逆

数字に「5」という共通項が……

今の自分カードと**②現在**の位置にでているのが、どちらも「5」という共通点があります。「5」は「変化」を意味し、なにかを手放すことで変われる暗示。ペンタクルはプライドを、カップは失った愛情へのこだわりを手放している最中と読めます。

②現在　　　　今の自分カード
カップの5　　ペンタクルの5 逆

040

A
3枚中2枚の大アルカナが運命の変わりどきを暗示

パッと見たときにいちばん目を引くのが③**近未来**にでている〈運命の車輪〉。①**過去**にも大アルカナがでていることに注目。過去の強い影響を抜けて、まさに状況が変わるときであると考えられます。数で見ても〈4 皇帝〉→〈カップの5〉→〈10 運命の車輪〉と増えているので、これから大きな変化がありそう。

質問者　過去の恋人のことがようやくふっきれてきたんです。

LUA　〈運命の車輪〉は流れの切りかわりをあらわすので、よい変化を期待できそう。

B
過去は2年前に別れた恋人の存在を暗示

①**過去**にでた〈皇帝 逆〉を質問者自身として読むなら「仕事が忙しそうで精神的に不安定」と考えられますが、過去の恋愛にまつわるトラウマとも読めるかもしれませんね。これが②**現在**や**今の自分カード**に暗い影を落としていそうです。

LUA　質問者自身が「元恋人に見える」と思ったなら、そちらがあっていると考えて読むとよいでしょう。

Ⓒ
過去の恋愛からの
脱却をあらわす

倒れたカップを見つめる〈カップの5〉は、前の恋愛からの長い落ち込みの期間をあらわしているよう。でも今は〈ペンタクルの5逆〉なのでこだわりを捨てて、次の愛に飛び込む決意ができています。数字にも注目。どちらも「5」なので状況が変わることが強調されていますね。

> **LUA**　「5」という数には「変化を通じて次のステージへ進む」という意味があるんです。

苦境からの脱出を
暗示
②現在
カップの5

①過去
皇帝 逆

③近未来
運命の車輪

今の自分カード
ペンタクルの5 逆

Ⓓ
これまでとこれからの
運気がはっきり変わる

でた瞬間にうれしくなる③**近未来**の〈運命の車輪〉。ここからカードの暗い雰囲気がガラッと変わっています。まさに運命が動きだして、うれしいめぐりあわせがあることが予想されます。このまま進めばチャンスがありそうなので、逃さずにキャッチしてほしいですね。

①過去
皇帝 逆

②現在
カップの5

③近未来
運命の車輪

今の自分カード
ペンタクルの5 逆

> **質問者** ではどこに行けば出会いがありますか？

> **LUA** それではアドバイスカードを引いてみましょう。

未来を占いたい！

しあげ

追加の質問に
アドバイスカードを

今回のリーディングに関連する質問なので**アドバイスカード**を引いてみます。カードから最初にイメージするのは水辺でしょうか。ただし「行き来する」というイメージから取引先の相手という解釈もできそう。また目隠しが気になるなら「もう出会っているけれど気づいていない」とも読めますね。

アドバイスカード ソードの2

しあげから導いた答えは？ 穴埋めスプレッド

- **今の自分カード**　プライドを気にして恋を素通りするのは
  もうやめたい！〈ペンタクルの5 逆〉

① **過去**　かつて、仕事ばかりでほかのことが目に入らない
　もしくは横暴な恋人にふりまわされていた〈皇帝 逆〉状況でした

② **現在**　今、失った過去から未来の可能性に
　気づきはじめている〈カップの5〉状況にあります

③ **近未来**　これから、
　思いがけない幸運の出会いがある〈運命の車輪〉状況になっていきます

- **アドバイスカード**　水にまつわる場所で出会うか、
  すでに知りあっているけれど、視界に入っていない人物との
  出会いがありそう〈ソードの2〉

スリーカードは③近未来にでたカードを見て一喜一憂して終わってしまいがち。でも1枚1枚しっかり読むことで、過去の恋のトラウマから解放されてチャンスをつかみにいこうとしている質問者の姿が見えてきました。カードをたくさん引かなくても、深くリーディングできるのですね。

WHAT CAN YOU SEE?

スプレッドでリーディングしてみましょう | 043

どっち？を占いたい！

択一でよりよい選択を占う

選択肢A

選択肢B

質問者の態度

選択肢がある問題で、どちらがよりよい結果になるかを占うスプレッドです。物の二択だけでなく、「Aさん・Bさん」「行く・やめる」など人や行動の選択を占うこともできるので、質問内容が具体的であれば、とてもつかいやすいスプレッドといえるでしょう。

カードがいろいろな可能性を示してくれますが、よさそうなカードのほうを選ぶべきとは一概にいえません。カードがくれるのは答えではなく、考える材料。最終的にどちらを選ぶのかは、質問者自身が考えて決めましょう。

QUESTIONS 質問例

Tシャツがほしい！
白と黒、どちらがよい？

AさんとBさんから
同時に告白されちゃった！
私が選ぶべきは？

遊びの予定を入れるなら
今週と来週どちらが楽しめる？

3つのアイデアから
選んだほうがよいのは？

明日のイベント、
行く？ 行かない？

READING TECHNIQUE & FLOW
リーディングテクニック&フロー

A 選択肢になにを設定するか決める

択一は選択肢がそれぞれなにを意味するか、事前に決めておく必要があります。選択肢がたくさんある場合はカードを増やしてもかまいません。ただし、多すぎると混乱するので、5つぐらいまでにしましょう。

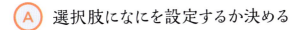

CHECK!
第三の選択肢が潜んでいることもありますよ。「やめる」「やめない」に対し「今は決めない」という選択も。

リーディングの下ごしらえ（P20）

B 強そうなカードを見つける

カードを展開して、パッと見たときに「強そうだな」と感じるものに目星をつけてみて。質問者の心が傾いている選択肢であったり、強いカードほど有望な選択肢ということです。弱いカードはそれほど期待していない、状態として可もなく不可もなくといったところですね。

強そう！

CHECK!
強さの順番は、大アルカナ＞小アルカナのA＞コートカード＞ヌーメラルカードです。コートカードではキング＞ペイジ、ヌーメラルカードでは10＞9＞〜＞2の順です。

C 1枚ずつ選択肢の もつ意味を読む

Ⓑのカードの強弱を覚えておきつつ、それぞれの選択肢にでた1枚ごとの意味やモチーフをていねいに読みます。その選択肢が質問者にとってどんな意味をもつのか考えていきましょう。このとき**③質問者の態度**にはこれら選択に対してどのような姿勢でいるかがでます。ここで納得の答えを選べれば終了でOK！

選択肢A

選択肢B

質問者の態度

CHECK!
③**質問者の態度**と選択肢のカードに共通点があれば「その選択肢に魅力を感じている」とも読めます。

D 逆位置は問題が解決されれば OKになり得ると読んでもよい

逆位置の選択肢には、問題があると解釈できます。「色はよいけれどサイズが……」「本当は行きたいけどひとりは避けたい」など。選択肢からはずしてもかまいませんが問題が解決すれば、その選択肢でOKとなる可能性を考えてもよいでしょう。**③質問者の態度**が逆位置の場合、正位置のような姿勢をとれない事情があるものの、改善を心がけることで「前向きに選べるようになる」と解釈できます。

選択肢B
逆

問題が
解決すれば
OK

正位置の
意味に
選択肢B

CHECK!
③**質問者の態度**が逆位置だった場合、「本当はこのなかから選びたいと思っていない」と解釈するケースもあります。

どっち?を占いたい!

E 選択肢を選んだ未来を引き足してみる

択一は現状の選択肢の可能性を見るものですが、「それを選んだ未来」を示すカードを引くことでリーディングが広がります。カードによっては、有望な選択肢がガラッと入れかわることもあるので、なれてきたらぜひ挑戦してみましょう。

選択肢Aを選んだ未来

選択肢Bを選んだ未来

選択肢A

選択肢B

リーディングのしあげ (P28)

しあげから導いた答えは? 穴埋めスプレッド

空欄をカードのキーワード (P164~185) で穴埋めしてリーディングをストーリーにまとめてみましょう。

WHAT CAN YOU SEE?

- 今の自分カード _____

① 選択肢A　選択肢Aは _____ 状態にあります

② 選択肢B　選択肢Bは _____ 状態にあります

③ 質問者の態度　私はこの問題に対して _____ と思っています

④ 選択肢Aを選んだ未来
　　選択肢Aを選ぶと _____ 未来になります

⑤ 選択肢Bを選んだ未来
　　選択肢Bを選ぶと _____ 未来になります

スプレッドでリーディングしてみましょう | 047

CASE.02 ──────────── リーディングレッスン

" 出会いを求めています！
どの方法だとうまくいきますか？"

①選択肢A
ソードの
クイーン 逆

②選択肢B
カップのA

③選択肢C
ワンドの3

④選択肢D
ソードの4 逆

⑤本人の態度
ワンドの2 逆

今の自分カード
ペンタクルの6

Ⓐ

まずはカードに選択肢を設定する

①**お見合い**、②**アプリ**、③**合コン**を設定しました。さらに「もしかしたら日常生活の延長線上で出会う可能性もあるのでは？」と提案し、④**自然な出会い**を設定しました。質問者が想定していない選択肢を提案することも、実際の鑑定ではよくあります。

①お見合い

②アプリ

③合コン

④自然な出会い

4つめの選択肢

> 質問者 考えていなかったけど。確かに自然な出会いもあるかも！

Ｂ このなかでいちばん強いのは〈カップのＡ〉

4枚のカードでパッと目につくのは、**②アプリ**でしょう。愛情を示す〈カップのＡ〉が正位置ででているため、現実的に考えて「出会い」が生まれる可能性はいちばん高いと読めます。

①お見合い
ソードの
クイーン 逆

②アプリ
カップのＡ
強い！

③合コン
ワンドの3

④自然な出会い
ソードの4 逆

> LUA 小アルカナばかりのときは数の強弱に注目を！

Ｃ 個々の選択肢を見ていくと……　お見合いは条件重視に

①**お見合い**にでたのは〈ソードのクイーン逆〉。お見合いは条件を大事にすることが予想されます。どうもあれこれ条件をつけすぎてしまいそう。その結果、なかなかマッチする人にめぐりあえず、「出会いにはつながらない」と読めるでしょう。

> 質問者 まだ結婚相手に求める条件もよくわからないのかも。

①お見合い
ソードのクイーン 逆

どっち？を占いたい！

スプレッドでリーディングしてみましょう ｜ 049

Ⓒ

マッチングアプリなら
たくさんの出会いが

②アプリにでたのは〈カップのA〉。愛情そのものを象徴するカードで、数としても強いA。与える愛も受け取る愛も大きく、よりどりみどりの出会いがありそうです。次々とマッチングし、「たくさんの出会いに恵まれる」と読めそうです。

LUA　〈カップのA〉は愛情の意味がいちばん強いカードです。

質問者　そんなカードがでるなんてアプリがよいのかな？

②アプリ
カップのA

合コンに対しては
臨戦態勢で臨みそう

③合コンにでたのは〈ワンドの3〉。カードとしては前途洋々、やる気に満ちあふれています。狩りにでかけようという意気込みが感じとれるので、なんらかの成果が上げられそうです。

質問者　今週末、合コンがあるんです。まさに今の私みたい！

LUA　心境をそのままあらわしたような絵柄のカードがでることもよくありますね。

③合コン
ワンドの3

自然な出会いも
あるかも

④**自然な出会い**は〈ソードの4逆〉。これは逆位置になると「動きだす」意味のカードになるので、よいパートナーシップを育むために前進するという意味になります。結婚に向けてエンジンをかけていくイメージですね。

> **LUA**　正位置の場合は「休息をとる」という意味のカードです。

④自然な出会い
ソードの4 逆

逆位置に注目すると
質問者の自信のなさが浮き彫りに

⑤**質問者の態度**にでているのは〈ワンドの2逆〉です。自信のなさが浮き彫りに。もしかすると「出会いがほしい」といいながらも、そこまで恋をしたいという感じではないのかも。自信のなさを解消できれば積極的になれそうですね。

> **質問者**　つい先日、失恋してしまって。よい出会いがあれば立ち直れるかも。

⑤質問者の態度
ワンドの2 逆

E
引き足した結果、選ぶべき答えが明らかに

ここまでのやりとりで、質問者は出会いがほしいといいつつも傷つくのをおそれているよう。そこで「それぞれを選んだ未来」を引き足しました。すると状況が一変！ ①**お見合い**は、出会うのは難しそうですが、吟味したぶん子宝にも恵まれそうな〈太陽〉です。②**アプリ**は、出会いはあるものの、相手に裏があるなど信用できなさそうな〈ソードの7〉。③**合コン**も〈カップの10逆〉で幸せな家庭とは縁遠そう。④**自然な出会い**は〈恋人〉というまったく想定外の結果に。質問者は遊びの恋でもよいのか、将来につながる出会いがほしいのかで選ぶべき答えが変わりそうです。

⑥お見合いを選んだ未来
太陽

⑦アプリを選んだ未来
ソードの7

⑧合コンを選んだ未来
カップの10逆

⑨自然な出会いを選んだ未来
恋人

①お見合い
ソードのクイーン逆

②アプリ
ワンドの3

③合コン
カップのA

④自然な出会い
ソードの4逆

> 質問者：まだ結婚はそこまで……でも遊びは困るので自然な出会いがいいな。

しあげ
なにを選ぶ？ 回答を整理して

本気で結婚相手を見つけたいなら①**お見合い**がいちばん、実現性が高そう。でも質問者はまだそこまで結婚を真剣に考えていない様子。そのため今回の結果としては④**自然な出会い**に期待することになりました。

質問者：あいまいだった気持ちが占いではっきりしました！

LUA：引き足すことで、自分の本当の願いを深く掘り下げられましたね。

どっち？を占いたい！

しあげから導いた答えは？ 穴埋めスプレッド

WHAT CAN YOU SEE?

- 今の自分カード　相手につくしたい気持ちがある〈ペンタクルの6〉

① 選択肢A　お見合いは
　頭でっかちになりやすい〈ソードのクイーン逆〉　状態にあります

② 選択肢B　アプリは
　愛にあふれ、よりどりみどり〈カップのA〉な　状態にあります

③ 選択肢C　合コンは
　やるぞ！と希望に燃えている〈ワンドの3〉　状態にあります

④ 選択肢D　自然な出会いは
　そろそろ動きだす〈ソードの4逆〉という　状態にあります

⑤ 質問者の態度　私はこの問題に対して　恋に縁遠くなっておじけづいている、まだ出発できない〈ワンドの2逆〉　と思っています

⑥ 選択肢A（お見合い）を選んだ未来　お見合いを選ぶと
　公の関係、結婚までたどりつき、子宝に恵まれる〈太陽〉　未来になります

⑦ 選択肢B（アプリ）を選んだ未来　アプリを選ぶと
　裏のある人が多くちょっと信用できない人に　ふりまわされる〈ソードの7〉　未来になります

⑧ 選択肢C（合コン）を選んだ未来　合コンを選ぶと
　理想にとらわれて息苦しい〈カップの10逆〉　未来になります

⑨ 選択肢D（自然な出会い）を選んだ未来　自然な出会いを選ぶと
　時間を忘れて向き合える人と結ばれる〈恋人〉　未来になります

未来を引き足したことで、鑑定結果が変わったパターンになりました。このように、シンプルに出会いがほしいのか、その先に生涯のパートナーシップがほしいのかによって、とるべき選択肢は異なりますよね。択一はよさそうなカードを選ぶものではありません。なにが質問者にとって最適な答えなのかを考えることがとても大切なのです。

スプレッドでリーディングしてみましょう | 053

気持ちを占いたい！

ハートソナーで相手の気持ちを占う

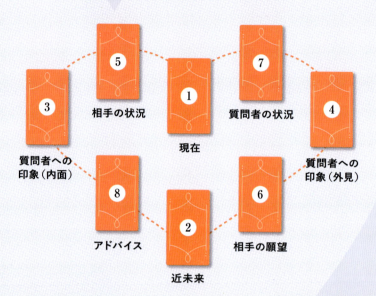

ハートソナーはLUAのオリジナルスプレッドです。ハートの形をしていて、人の心のなかをいろいろな側面から分析できます。とくに「質問者への印象」を内面と外見にわけてカードを引くのが特徴で、相手からどのように見られているのかがダイレクトにわかります。そのため、片思いをしているときだけでなく、つきあっている相手の気持ちがわからなくなったカップルの相談にもつかいやすいでしょう。

名に「ハート」はついていますが、恋愛以外の相手も占えますよ。

質問例

意中のあの人は
私のことをどう思ってる？

恋人が浮気をしているような……
本心が知りたい！

関係が停滞しているので
気持ちをよみがえらせる
アドバイスがほしい。

なにを考えているか
わからない上司。
気に入られるにはどうしたらよい？

READING TECHNIQUE & FLOW
リーディングテクニック＆フロー

気持ちを占いたい！

> リーディングの下ごしらえ（P20）

A 相手の心だと思って全体を眺めてみる

ハート形のスプレッドなので、スプレッド全体を相手のハートとイメージして、俯瞰した視点で眺めてみるとよいでしょう。全体の色やトーンから「相手の心のなか」をイメージしてみて。暗い？ 明るい？ 多い色は？ 気になるモチーフは？ それらがリーディングの糸口になります。

B まずは現在から近未来の流れを読む

このスプレッドの特徴は、最初の2枚でズバッと結論がでることです。過去を振り返ることもしません。ここにでた②**近未来**を前提に、ほかのカードを「そうなる理由」として読んでいくことで、ストーリーを紡ぎやすくなるでしょう。

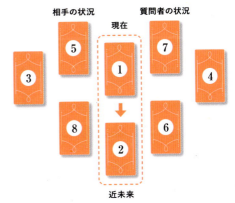

全体を見る

CHECK!
カードの正逆もポイントです。逆位置が多ければ、相手はこの関係にあまり前向きではないという見立てになります。

相手の状況　質問者の状況
現在
近未来

CHECK!
①**現在**のカードの左右に⑤**相手の状況**、⑦**質問者の状況**のカードが並ぶので、3枚を見比べると、問題点が浮かび上がりやすいでしょう。

スプレッドでリーディングしてみましょう | 055

C 質問者への印象（内面）は カードに性格をあてはめる

ハートソナースプレッドは、③**質問者への印象（内面）**、④**質問者への印象（外見）**という、珍しいカードがあります。ここは「相手は自分を、でたカードのような人だと思っている」と読みましょう。たとえばここに〈女帝〉がでたら、相手が質問者を「女帝のような内面をもつ人だと思っている」ということですね。

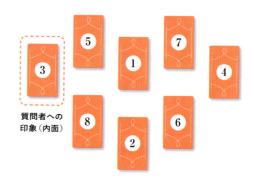

質問者への印象（内面）

CHECK!
でたカードが人物像に結びつけられない場合、「そのカードのような感情を抱かせる人」というイメージで言葉を探してみましょう。

質問者への印象（外見）は ルックスに限定しない

④**外見に対する印象**は、顔やスタイルなどルックスに限定せず、行動や、ふるまいまで解釈を広げるとよりイメージしやすくなるでしょう。たとえば〈ペンタクルの4〉がでたら、相手が質問者を「ペンタクルの4のような行動をする人だと思っている」ということになります。

質問者への印象（外見）

CHECK!
数に注目してみるのもおすすめです。数が小さい小アルカナの場合は、質問者に対する印象が薄いというケースもあります。

質問者への印象に関する
カードをセットにして読む

内面と外見の2枚が似たようなイメージのカードなら「矛盾のない人」と思われています。ギャップがある場合、「よくわからない人」と思われていることもあれば、「そのギャップがよい」と思われているケースも。さらに、⑥**相手の願望**とあわせて読むと「そんな質問者とどういう関係を育みたいと思っているか」が見えてきやすいでしょう。

CHECK!
どちらか一方が逆位置だったら「○○はよく思っている、だけど●●」のように、「でも」「だけど」と逆接の接続詞を入れてみると、相手の真意が見えてきやすいでしょう。

D 相手の状況と質問者の状況を対比する

⑤**相手の状況**と⑦**質問者の状況**は当事者のふたりが置かれている状況です。基本的には、お互いをどう思っているかをあらわしていると考えて読んでみましょう。ただしあくまでも「状況」なので、カードによっては「仕事が忙しすぎてあなたのことを考えていない」のような意味になることもあります。

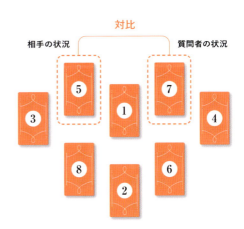

CHECK!
人物のカードがでたら、絵柄の視線が向かう先にも注目してみて。互いの視線が交差していたら意識しあっている、目を背けているなら心が通じていないとも読めます。

E 相手の願望にでたカードはとくに重点的に読む

このスプレッドのなかで重要なカギを握っているのが⑥**相手の願望**のカードです。相手が質問者になにを望んでいるのかをあらわします。カードが示す感情をそのまま抱いている場合もあれば、「そのカードのようになりたい」という願望として読む場合も。

CHECK!
⑤**相手の状況**と対になるカードなので、セットで読むと相手がこの関係をどうしていきたいと思っているのかが見えてきます。

F アドバイスにでたカードは近未来とリンクさせて読む

ふたりの関係をよりよくするために、質問者がすべきこと、心がけるべきことをあらわすカードがでます。②**近未来**によいカードがでていれば「それを実現するためのアドバイス」として、ネガティブな意味のカードがでているなら「そうならないように気をつけるべきアドバイス」として読むとよいでしょう。

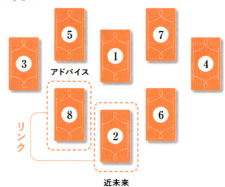

CHECK!
⑧**アドバイス**のカードがネガティブだった場合、意味を考えにくくなりがち。「そうならないよう気をつけるにはどうしたらよい?」として読んでみましょう。

リーディングのしあげ（P28）

しあげから導いた答えは？ 穴埋めスプレッド

空欄をカードのキーワード（P164~185）で穴埋めして
リーディングをストーリーにまとめてみましょう。

● 今の自分カード _____

① 現在　　今、ふたりは _____ 状況にあります

② 近未来
　　これから、ふたりは _____ 状況になっていきます

③ 質問者への印象（内面）
　　相手は私の内面を _____ と思っています

④ 質問者への印象（外見）
　　相手は私の外見を _____ と思っています

⑤ 相手の状況　今、相手は _____ 状況にあります

⑥ 相手の願望　相手は私に _____ と思っています

⑦ 質問者の状況　今、私自身は _____ 状況にあります

⑧ アドバイス
　　この問題については _____ を心がけるとよいでしょう

WHAT CAN YOU SEE?

気持ちを占いたい！

―― リーディングレッスン

CASE.03

"好きな人がいるのですが相手にはすでにパートナーがいます"

⑤相手の状況
カップのクイーン

①現在
ソードの9 逆

⑦質問者の状況
運命の車輪 逆

③質問者への
印象(内面)
ソードの8

④質問者への
印象(外見)
ソードのナイト 逆

⑧アドバイス
カップのA 逆

②近未来
ペンタクルの3 逆

⑥相手の願望
カップの2

今の自分カード
皇帝 逆

下ごしらえ A

全体を眺めるだけで見えてくる
ふたりの性格の違い

質問者をあらわす③④にソードがでているのが印象的。それに対して相手、つまり好きな人にまつわる⑤⑥はすべてカップ。愛情あふれる相手に対し、質問者が頭で考えすぎるタイプであることをあらわしています。スプレッド全体を見るだけで見えてくることがあります。

⑤相手
④質問者
③質問者
⑥相手

質問者 | 職場で出会ったのですが
まさにその通りです！
パッと見だけでこんなにわかるんですね。

♥ 気持ちを占いたい！

B
近未来はこのまま進むと訪れるシチュエーション

①**現在**には「相手にパートナーがいるという現実を見たくない」という、質問者の気持ちを代弁するかのようなカードがでました。また②**近未来**は三角関係を暗示するかのように「3」のカードです。ここをベースに読むと、どうやらこの関係性をうまく進めるのは難しそう。無理やり奪う、相手がパートナーと別れるといった未来はあまり望めないことを前提に、ほかのカードを読んでいきましょう。

①現在
ソードの9 逆

②近未来
ペンタクルの3 逆

LUA | 〈ペンタクルの3〉は逆位置になると「立場をわきまえない人」というイメージに。

C
質問者への印象を読む

③**質問者への印象（内面）**と④**質問者への印象（外見）**はいずれもソードでした。ソードは「職場の同僚」のイメージなのでしょう。質問者に対しては「忙しそうに走り回っている人〈ソードのナイト逆〉」。だけど内面では「誰も助けてくれないと思っていそうな人〈ソードの8〉」という印象。「手助けしてあげたい人」というイメージなのでしょう。

③質問者への
印象（内面）
ソードの8

④質問者への
印象（外見）
ソードのナイト 逆

スプレッドでリーディングしてみましょう | 061

D E

カードをひもとくと
恋に落ちた理由まで見えてくる

⑤**相手の状況**としては〈カップのクイーン〉なので、とても愛にあふれている状態。助けを求めている質問者を放っておけないのは当然。⑥**相手の願望**が〈カップの2〉で好意を抱いてるのは確か。優しくしてくれるのは人として自然な感情でしょう。質問者が恋に落ちた理由はここにありそう。⑦**質問者の状況**は〈運命の車輪逆〉で、すてきな人に出会えた喜びと同時に「もっと早く出会えていたら」という落胆が、①**現在**のカードにも暗示されています。

⑤相手の状況
カップのクイーン

落胆
①現在
ソードの9 逆
⑦質問者の状況
運命の車輪 逆

LUA ⑦質問者の状況と⑤相手の状況の対比が①現在に至る物語のようですね。

F しあげ

カップ（愛情）を逆さにして
終わらせる必要がありそう

⑧**アドバイス**にでたのは〈カップのA逆〉です。②**近未来**は〈ペンタクルの3逆〉でしたし、このままでは愛情を受け取ってもらえないということでしょう。**今の自分カード**の〈皇帝逆〉があらわすように恋心が制御不能になり、一気に恋愛感情が爆発してしまっているのかも。まだ引き返せる段階と考え、愛情が執着に変わり泥沼化する前に、自分のカップ（愛情）をひっくり返す、つまり愛を注ぐ対象を別に向けることを考えたほうが賢明かもしれませんね。

⑧アドバイス
カップのA 逆

062

> 気持ちを占いたい！

質問者　確かに、ちょっと舞い上がっていた気がしました。タロットって冷静にしてくれる側面もあるんですね。

LUA　タロットは現実を見せてくれるもの。感情的になってものごとが見えなくなっているときこそタロットを活用するとよいですね。

しあげから導いた答えは？ 穴埋めスプレッド

- **今の自分カード**　恋に落ちてまわりが見えなくなっている〈皇帝逆〉

① **現在**　今、ふたりは　誰かが邪魔をしているという妄想にとらわれている〈ソードの9逆〉　状況にあります

② **近未来**　これから、ふたりは　立場をわきまえない一方的な片思い〈ペンタクルの3逆〉　状況になっていきます

③ **質問者への印象（内面）**　相手は私の内面を　苦しそうに心を閉ざしている人〈ソードの8〉　と思っています

④ **質問者への印象（外見）**　相手は私の外見を　走り回っていて忙しそうに見える人〈ソードのナイト逆〉　と思っています

⑤ **相手の状況**　今、相手は　愛にあふれていて人の心に寄り添える〈カップのクイーン〉　状況にあります

⑥ **相手の願望**　相手は私に　よい信頼関係を築きたい〈カップの2〉　と思っています

⑦ **質問者の状況**　今、私自身は　空回りをしてタイミングの悪い〈運命の車輪逆〉　状況にあります

⑧ **アドバイス**　この問題については　あふれる愛を押しとどめ、白紙に戻すこと〈カップのA逆〉　を心がけるとよいでしょう

短期間で恋に落ち、まわりが見えなくなっている質問者がカードを見て冷静になっていくのがわかりました。奪い取るよりも、誠実に関係を育む、もしくは相手をほかに探すことが幸せにつながるのでは、と悟す結果に。もちろん恋愛がうまくいくのがベストです。でも考えなおすという一見ネガティブな判断が、プラスになることもあるのです。

問題を解決したい！

ホースシューで原因と解決策を占う

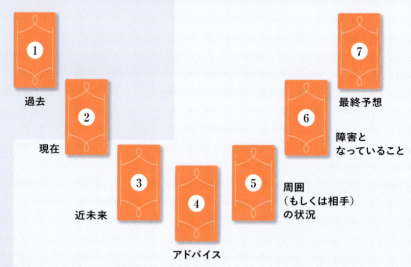

1. 過去
2. 現在
3. 近未来
4. アドバイス
5. 周囲（もしくは相手）の状況
6. 障害となっていること
7. 最終予想

ホースシューとは、馬の蹄（ひづめ）につけるU型の金具のこと。古くから幸運のモチーフとされてきました。その形を模したこのスプレッドは、問題の解決策を浮かび上がらせるのにぴったり。

恋愛、仕事、人間関係、どんなテーマでも占えるうえ、混乱した心を整理するのに役立つでしょう。

時間の流れを見る左側の3枚、目的達成の障害となっているものを探り出す右側の3枚を整理しながらアドバイスを導きだすと、より深い部分までリーディングできるはずです。

QUESTIONS 質問例

- 恋人との関係が悪化……。なにが悪いの？
- SNSのフォロワーがなかなか増えないのはなぜ？
- 子どもがいうことを聞いてくれない！原因と解決策は？
- どうしてもお金を貯められない原因を教えて！
- クライアントがダメ出しばかり……どうすればよい？

Reading Technique & Flow
リーディングテクニック＆フロー

問題を解決したい！

> リーディングの下ごしらえ（P20）

A 左側の3枚で問題の状況を把握する

①**過去**②**現在**③**近未来**の3枚で、問題がどういう状況にあるのか、時系列にそってとらえましょう。ものごとを占うなら状況の変化、人間関係を占うなら質問者の気持ちの移り変わりとして読むのもよいでしょう。よさそうなカードが並んだ場合は、それほど問題が深刻ではない可能性もあります。

ざっくりと問題を時系列で把握

CHECK!
多くの問題は過去に原因があるもの。①**原因**のカードをとくに意識してチェックしましょう。

B 右側の3枚で問題点を探る

⑤**周囲（もしくは相手）の状況**は、問題の当事者となっている人物や周囲の環境がどうなっているのかを探ります。よいカードがでていたら、なんらかの助けの手がさしのべられる可能性があります。その場合④**アドバイス**もセットで読むとよいでしょう。逆位置だったら、相手は問題に気づいていない、非協力的と解釈してみましょう。

問題の周辺を探っていく

CHECK!
展開するときに④**アドバイス**を先に並べますが、まずは右側の3枚をリーディングしたほうが問題点を見つけやすくなります。

スプレッドでリーディングしてみましょう | 065

C 核となる障害はていねいに読む

⑥**障害となっていること**がこのスプレッドの核。このカードの状態が、妨げを起こしている原因です。質問者の状態やほかのカードから判断しましょう。このカードと同じスートや数、イレブンタロット(P23)、モチーフなど、リンクするカードをチェック。とくに①**過去**とつながることが多いのでていねいに調べてみてください。

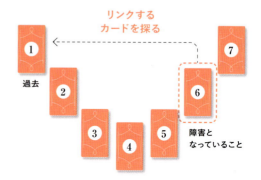

CHECK!
ここによいカードがでた場合「質問者が思っているほど深刻ではない」、もしくはそのカードの意味が強すぎて「障害になっている」と読めます。

D 近未来と最終予想の違いをしっかり理解する

③**近未来**と⑦**最終予想**には似たイメージがありませんか。③**近未来**はちょっと先の自分の姿としてイメージしてみましょう。そして⑦**最終予想**はこの問題を通して、どういう結果がもたらされるのかと考えます。つまり③**近未来**がよくても、⑦**最終予想**がいまひとつであれば、一時的な喜びであると考えられます。逆ならば、つらい思いはするかもしれないけれど、最終的にはよい結果になると読めますね。

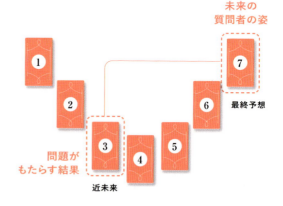

CHECK!
この2枚があまりよい印象のカードでなかった場合、それを改善するためのヒントとなるカードがないか、全体を見てみましょう。

E 2つの流れを統合して アドバイスを考える

ホースシューのいちばん下にある④**アドバイス**は、この問題を解決するカギが眠っているカードです。このカードだけで考えるのではなく、左側3枚の時間の経過に伴う変化と、右側3枚の問題の原因、両方を組みあわせて意味を考えましょう。

リーディングのしあげ（P28）

問題を解決したい！

しあげから導いた答えは？ 穴埋めスプレッド

空欄をカードのキーワード（P164～185）で穴埋めして
リーディングをストーリーにまとめてみましょう。

WHAT CAN YOU SEE?

- 今の自分カード ＿＿＿

① 過去　かつて、この問題は ＿＿＿ 状況でした

② 現在　今、この問題は ＿＿＿ 状況にあります

③ 近未来　これから、この問題は ＿＿＿ 状況になっていきます

④ アドバイス　この問題について ＿＿＿ を心がけるとよいでしょう

⑤ 周囲（もしくは相手）の状況
　　この問題をとり巻くものは ＿＿＿ 状況にあります

⑥ 障害となっていること　この問題の障害となっているのは ＿＿＿ です

⑦ 最終予想　この問題は最終的に ＿＿＿ 状況になります

スプレッドでリーディングしてみましょう ｜ 067

CASE.04 ──────────────── リーディングレッスン

" 仕事がリテイク続き……原因はなんですか？ "

①過去
カップの6

②現在
太陽 逆

③近未来
ペンタクルの7

④アドバイス
悪魔 逆

⑤周囲（もしくは相手）の状況
正義 逆

⑥障害となっていること
カップの9

⑦最終予想
ワンドの9 逆

今の自分カード
カップの10 逆

下ごしらえ

数の大きさから問題がこじれていると推測

スプレッド全体を見て「数が大きい」という印象を受けました。小アルカナはすべて6以上ということからも、この問題はかなり最終局面にあり、ヘビーな状況であることが推測されます。

 全体に数が大きい印象

今の自分カード

質問者 過去にうまくいった方法で進めているのになにがダメなのかわからないんです。

068

問題を解決したい！

> LUA　時系列を示す左側のうち、2枚の数が多く、問題がこじれていると暗示していそうですね。

A

時系列を見ると
かんばしくない状況

最初はほのぼのとしたムードでスタートしたのに、今は〈太陽逆〉ということで、プロジェクトが白紙に戻る、つまり日の目を見ていない状況と合致しています。このまま進んでも〈ペンタクルの7〉で「これでよいの？」という近未来が訪れる不安がぬぐえなさそうですね。

①過去
カップの6

②現在
太陽 逆

③近未来
ペンタクルの7

よくない流れ……

> LUA　1枚だけを見て判断するのではなく3枚全体からイメージをしぼることが大切です。

B

問題の原因として
怪しいところに目をつける

右側の3枚を見ると、逆位置のカードが2枚。中央の**⑥障害となっていること**だけが幸運のカードとされる〈カップの9〉で異彩を放っています。これを「障害はない」と読んでしまってよいのか、そうではないのか。まだ判断できないので、いったん保留にし、ほかのカードもリーディングしてみましょう。

⑦最終予想
ワンドの9 逆

⑥障害と
なっていること
カップの9

⑤周囲
（もしくは相手）の状況
正義 逆

とくに目立つカードが怪しい……

スプレッドでリーディングしてみましょう　|　069

Ⓑ 上司とのすりあわせが できていない可能性も？

⑤**周囲（もしくは相手）の状況**がダメ出しをしてくる上司をあらわしていると読めますね。上司が〈正義逆〉の状況にあるとすれば、そもそも質問者との間で正義、つまり正しいとするものの基準がずれていて、すりあわせができていないのが原因かもしれません。また上司の独断専行にふりまわされているとも読めますね。

⑤周囲（もしくは相手）の状況
正義 逆

LUA　この場合の〈正義〉は、逆位置になって判断基準が感情によってぶれているイメージです。

Ⓒ 障害とつながるカードを 調べてみたら……

障害をあらわす位置に別名「ウィッシュカード」と呼ばれる〈カップの9〉がでています。位置とカードの意味があわないときの読み解きは難しくなりがち。そこで①**過去**の〈カップの6〉に注目してみましょう。どちらもカップであり、質問者が「過去に成功した方法をとっている」ということで、過去の成功体験に慢心している質問者自身と読むことができそうです。このように⑥**障害となっていること**とほかのカードをていねいに比べると、つながりが見えてきます。

①過去　　　　　⑥障害となっていること
カップの6　　　カップの9

LUA　過去も障害も、情をあらわすカップ。この2枚を見ると仲のよい上司だからなんとかなるだろうという見通しの甘さも原因かもしれません。

問題を解決したい！

D

近未来と最終予想も
このままだと悔いが残りそう

③**近未来**が〈ペンタクルの7〉、⑦**最終予想**が〈ワンドの9逆〉ということで、「どうしてこんなことに……」と首をかしげている質問者に見えます。そしてこの仕事自体もあまり評判がよくないまま終わってしまいそうな気配。

③近未来
ペンタクルの7

⑦最終予想
ワンドの9 逆

> **LUA** カードの絵柄に自分をあてはめてイメージすると意味がよくわかりますよ。

「9」の数のリンクに注目！
質問者の本音が

注目したいのが、2枚でている「9」のカード。「9」はこれまでの流れの到達点をあらわすため、質問者自身も「もうどうしようもないのでは」「早く手離れしたい」と、なかば諦めているのでは？ しかたがないと今回の仕事を終わらせるのか、もう1回奮起するのか。**今の自分カード**に〈カップ10〉がでていることから、もうひとがんばりしたい気持ちがありそうです。

⑥障害と
なっていること
カップの9

⑦最終予想
ワンドの9 逆

今の自分カード
カップの10 逆

> **LUA** 今の自分カードの「10」は「9」をこえていきたいという気持ちをあらわしています。

スプレッドでリーディングしてみましょう | 071

アドバイスにでた悪魔は「誘惑に負けないで」というエール

④**アドバイス**にでた〈悪魔逆〉。左側の3枚の時系列の変化、右側3枚の問題の原因を考えると、このままいくとプロジェクトはよくない形で終わってしまいそう。でも逆位置にでた〈悪魔〉が「もうどうでもよいという誘惑に負けるな」と、エールを送っていると読めます。今がプロジェクトを立て直せるかどうかの正念場です。

④アドバイス
悪魔 逆

LUA　〈悪魔〉だからといって悪い意味になるわけではないというよい例ですね。

質問者　LUA先生！ 私がんばりたいです。具体的になにからはじめたらよいですか？

しあげ

より具体的な行動を知るならアドバイスカードを

スプレッドの④**アドバイス**はこの問題全体に対するアドバイスです。最後に実践的なアドバイスがほしい場合は、追加で**アドバイスカード**を引くとよいでしょう。でたのは〈ワンドの8〉。スピード感をあらわすと同時に「8」は1つ上のステージへと進む数です。帰ったらすぐに上司と打ち合わせをしてリトライを。そうすれば堂々巡りの状況から抜けだし、理想的な方向にプロジェクトを進めることができそうです。

アドバイスカード
ワンドの8

質問者 アドバイスカードってここまで具体的な行動を教えてくれるんですね。ありがとうございました！

LUA 今の〈ワンドの8〉の勢いがあれば大丈夫。きっとうまくいきますよ。

問題を解決したい！

しあげから導いた答えは？ 穴埋めスプレッド

- 今の自分カード
  過去の栄光にすがり意欲が低下している〈カップの10逆〉

① **過去** かつて、この問題は
やりかたがうまくいってほのぼの〈カップの6〉 状況でした

② **現在** 今、この問題は
なにをやっても日の目を見ない〈太陽逆〉 状況にあります

③ **近未来** これから、この問題は
理想と現実のギャップに悩む〈ペンタクルの7〉 状況になっていきます

④ **アドバイス** この問題について
根本的に心をあらため、やりかたをかえること〈悪魔逆〉 を心がけるとよいでしょう

⑤ **周囲（もしくは相手）の状況** この問題をとり巻くものは
相手の基準と質問者の基準がずれてしまっている〈正義逆〉 状況にあります

⑥ **障害となっていること** この問題の障害となっているのは
質問者の、この方法でうまくいくはずという慢心〈カップの9〉 です

⑦ **最終予想** この問題は
最終的に慢心して痛手を負う〈ワンドの9逆〉 状況になります

- アドバイスカード
  一刻も早く上司に連絡して、やりかたをあらためて〈ワンドの8〉

今回は「数」が重要な手がかりになった結果となりました。また障害や原因をあらわすポジションによいカードがでた場合の読みかたとしても参考になったのではないでしょうか。1枚ずつのカードを確認していくだけでは見えてこない、複数枚のカードをつかうスプレッドならではのリーディングを目指しましょう。

相性を占いたい！

ヘキサグラムで関係性を占う

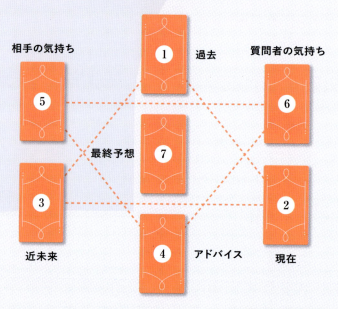

2つの三角形を重ねた「六芒星」の形のスプレッドです。上向きの三角形が天、下向きの三角形が地をあらわし、交差することで神羅万象を意味します。上向きの三角系で時系列、下向きの三角形で異なる2つの要素を対比しつつ、アドバイスを割りだします。

ホースシューと似ていますが、他者がかかわる場合はこちらがよいでしょう。質問者と相手、質問者と会社など、異なる二者の関係性をよりよくするための方法がわかるはずです。

QUESTIONS 質問例

- 意中の相手は私をどう思っている？
- 今度はじめる習いごとは私にあっている？
- パートナーと関係修復したいけどどうすればよい？
- 引っ越し先は私にぴったり？
- 採用された会社と私の相性は？

READING TECHNIQUE & FLOW
リーディングテクニック＆フロー

相性を占いたい！

> リーディングの下ごしらえ（P20）

A　2つの三角形のバランスを見る

ヘキサグラムは古くから「調和」をあらわす形です。そのため、眺めたときに調和した印象かどうかは重要なヒントに。相性が悪い場合は、カードにも不調和な印象があらわれるもの。スプレッドの上側（①〜③）は過去や問題、下側（④〜⑥）は未来や解決策をあらわすので、どちらにどういうカードが多いかもチェックしてみましょう。

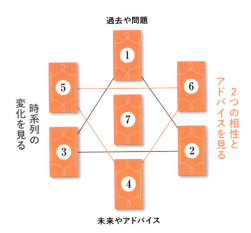

過去や問題／未来やアドバイス／時系列の変化を見る／2つの相性とアドバイスを見る

CHECK!
カードの色合いやモチーフ、正逆のバランスがしっくりくるか違和感があるか、感覚を言葉にしてみて。

B　時間の流れで問題の推移をチェック

ヘキサグラムの時系列は、ほかのスプレッドとは違って直線ではなく三角形になっています。時計回りに①**過去**、②**現在**、③**近未来**となるので、まずは流れをイメージしつつ、両者の関係性がこの先よくなっていきそうなのか、悪くなっていきそうなのか、予想してみましょう。

CHECK!
時系列の流れの見かたは「スリーカード」（P37）と同様です。

スプレッドでリーディングしてみましょう｜075

C　お互いの気持ちを見比べる

⑤相手の気持ち、**⑥質問者の気持ち**では、それぞれの意味を読む前に、お互いの気持ちの差をチェックしてみて。でたカードが大アルカナであれば、質問者のなかで相手の存在感がとても大きく、小アルカナはそこまで意識していないと読めます。また正位置と逆位置は、相手にきちんと向き合っているか否かをあらわします。

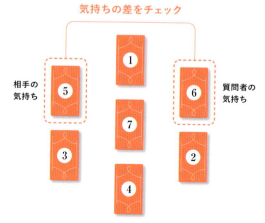

CHECK!
大アルカナで正位置なら質問者が相手を大事に思っており、きちんと向き合おうとしていると読めます。ここも「ハートソナー」(P57)と同じく双方の視線の方向がヒントに。

D　ふたりの気持ちを踏まえて問題の原因を探る

スプレッドは、もちろん形状にも意味があります。ヘキサグラムの場合、**①過去**の隣に**④相手の気持ち**、**⑤質問者の気持ち**がくる並びがとても重要。3枚をセットで見て、ふたりの間にどんなドラマがあったのか、カードの意味をもとにイメージしてみましょう。

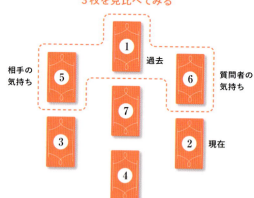

CHECK!
①過去がよいカードだった場合は「あのころはよかった」と懐古をしているとも読めます。その場合**②現在**のカードとも連携して読んでみるとよいでしょう。

最終予想から アドバイスを考える

E

④**アドバイス**と⑦**最終予想**をセットにすると読みやすいでしょう。最終予想がよいカードなら、アドバイスは「そうなるためにどうすればよいか」、悪いカードなら「そうならないためにどうすればよいか」と読むと迷いがありません。

リーディングのしあげ
（P28）

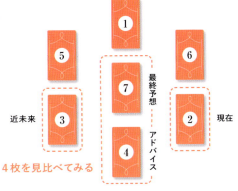

4枚を見比べてみる

CHECK!
②**現在**③**近未来**の間に④**アドバイス**があることも重要。現在や未来をよくするためのヒントがアドバイスになるはず。

相性を占いたい！

しあげから導いた答えは？ 穴埋めスプレッド

空欄をカードのキーワード（P164~185）で穴埋めしてリーディングをストーリーにまとめてみましょう。

● 今の自分カード _____

① 過去　　かつて、この問題は_____状況でした

② 現在　　今、この問題は_____状況にあります

③ 近未来　これから、この問題は_____状況になっていきます

④ アドバイス　この問題について_____を心がけるとよいでしょう

⑤ 相手の気持ち　この問題について相手は_____と思っています

⑥ 質問者の気持ち　この問題について自分は_____と思っています

⑦ 最終予想　この問題は_____状況になります

スプレッドでリーディングしてみましょう ｜ 077

CASE.05

―――――― リーディングレッスン

"別れた恋人と再び会うか迷っています"

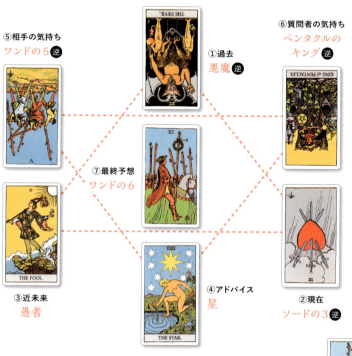

⑤相手の気持ち
ワンドの5 逆

①過去
悪魔 逆

⑥質問者の気持ち
ペンタクルの
キング 逆

⑦最終予想
ワンドの6

③近未来
愚者

④アドバイス
星

②現在
ソードの3 逆

今の自分カード
ワンドのナイト

下ごしらえ

「水」がないことから
情愛の問題ではなさそう

今回の質問者は「10年つきあった恋人から関係を戻さないか」と連絡があったとのこと。その割にスプレッドに愛情にまつわるカップが1枚もでていないのが気になります。愛情ではない問題が関係していそうです。

質問者 相手の浮気が原因で別れました。
それにもかかわらずなぜ声をかけてきたんでしょう？

078

相性を占いたい！

Ⓐ 全体のバランスに希望が感じられる配置

スプレッド全体を眺めると、上部に大アルカナやコートカードなどの強いカードが逆位置ででている一方、左下に向かって大アルカナが正位置ででており、差を感じます。時系列でも左下があらわすのは未来なので、質問者にとってはよい未来がやってきそうな配置という印象です。

重苦しい雰囲気

③近未来

明るく軽やか

> **LUA** これを見ただけでも質問者さんの気持ちと未来が明るいことがわかります。

Ⓑ 束縛から解放されていく流れが明らかに

時系列をあらわす3枚を見ると「束縛からの解放」というイメージが浮かびます。〈悪魔逆〉が示すような、相手に縛られていた環境から抜けだして、縛られない〈愚者〉の姿が、質問者の近未来の姿なのでしょう。今は〈ソードの3逆〉で心の痛みはあるかもしれませんが、もうあと戻りすることはなさそうです。

①過去
悪魔逆

③近未来
愚者

②現在
ソードの3逆

スプレッドでリーディングしてみましょう | 079

C

逆位置になったことで相手が視線の先に

両者の心のなかを探ると、お互いに小アルカナで逆位置。気持ちの食い違いがあらわれています。相手は〈ワンドの5逆〉で混乱がある様子。ワンドは逆位置になると「あのころはよかった」と過去へのこだわりが生まれやすくなります。相手のなかで記憶が美化されて連絡がきたのかも。質問者は〈ペンタクルのキング〉ですが、逆位置なのでちらりと相手のほうを見る構図になります。急に連絡がきたことで気になりはじめたといったところでしょうか。

⑤相手の気持ち
ワンドの5 逆

⑥質問者の気持ち
ペンタクルのキング 逆

LUA カードに描かれた人物の視線を追うこともヒントになります。

D

鎖から抜けだした今、以前の状況には戻れない

①過去、⑤相手の気持ち、⑥質問者の気持ちがいずれも逆位置。これらを「幸せだった過去の日々」としてすべて正位置にしてみると、おつきあいしている最中は、やりたい放題の相手を質問者が〈ペンタクルのキング〉のように見守る関係だったのでしょう。〈悪魔〉のようなくされ縁で長く続いてきたのかもしれませんが、関係を解消する、つまりすべてが逆位置になった今、前と同じ状況には戻れないのではないでしょうか。

①過去
悪魔 逆

⑤相手の気持ち
ワンドの5 逆

⑥質問者の気持ち
ペンタクルのキング 逆

今のふたりの関係は終わっていそう

質問者に相手への気持ちがあるのかどうかで、この先の読みかたが変わってきそうですが②**現在**は〈ソードの3逆〉。どうやら前に裏切られたときの傷が深く、相手との関係はもう終わったものとなっているようです。

③近未来
愚者

②現在
ソードの3 逆

質問者 気持ちはもうありません。
でもちょっと気になってしまって……。

LUA ②現在の〈ソードの3逆〉によってしがらみが断ち切られ、
③近未来の〈愚者〉が自由になったと読めます。

よい結果に導くためのアドバイスは？

④**アドバイス**が〈星〉で⑦**最終予想**が〈ワンドの6〉でどちらも明るいカード。そこで「〈ワンドの6〉のようになるために〈星〉のアドバイスを実行する」という形で考えてみて。「自分らしくいられる恋をするために、過去ではなく未来を見て」となるでしょうか。

④アドバイス
星

⑦最終予想
ワンドの6

LUA ⑦最終予想がよくないカードの場合、そうならないための
アドバイスとして読むとよいでしょう。

| 質問者 | ありがとうございます。ふっきれました！相手にはどんな返事をすればよいですか？ |
| LUA | その答えはスプレッドのなかにすでにでていそうですね。 |

> しあげ

イレブンタロットを応用し小さな疑問にも回答

足して「20」になるカードを組みあわせて読むのがイレブンタロット（P23）。通常は大アルカナのみを用いますが大アルカナ・小アルカナの組みあわせでも応用できます。この場合〈17星〉と〈ソードの3逆〉は足すと「20」に。そして星の一糸まとわぬ姿と、ソードの潔い鋭さがリンクしました。そこで「思わせぶりなことはせず、率直に話をすべき」というメッセージに。

④アドバイス
星

②現在
ソードの3逆

| LUA | 実は最初から気づいていたことがありました。それは…… |

「移動する」モチーフの多さが暗示的

スプレッド全体を見て「移動する」カードがとても多いことが目についていました。**今の自分カード**の〈ワンドのナイト〉、③**近未来**の〈愚者〉、⑦**最終予想**の〈ワンドの6〉というように、気持ち的には「もう次の恋に進みたい！」という質問者の本心が、スプレッド全体ににじみでているようです。

⑦最終予想
ワンドの6

③近未来
愚者

今の自分カード
ワンドのナイト

082

> 質問者　次の恋をするためのアドバイスもぜひほしいです！

> LUA　その場合、別の質問になるので一度鑑定をまとめ、新たなスプレッドを展開しましょう。

相性を占いたい！

しあげから導いた答えは？　穴埋めスプレッド

- 今の自分カード
  今すぐにでも次の世界に行きたい〈ワンドのナイト〉

① 過去　かつて、この問題は
　　ようやく悪縁を断ち切ろうとする〈悪魔逆〉　状況でした

② 現在　今、この問題は
　　別れのときを迎えている〈ソードの3逆〉　状況にあります

③ 近未来　これから、この問題は
　　新たなスタートを迎える〈愚者〉　状況になっていきます

④ アドバイス　この問題について
　　潔く水に流して次に進むこと〈星〉　を心がけるとよいでしょう

⑤ 相手の気持ち　この問題について相手は
　　質問者を独占したい〈ワンドの5逆〉　と思っています

⑥ 質問者の気持ち　この問題について自分は
　　この人に対してはもうなにもすることはない〈ペンタクルのキング逆〉　と思っています

⑦ 最終予想　この問題は
　　自分らしく突き進んで幸せになる〈ワンドの6〉　状況になります

質問者の気持ちが昔の恋人にはなく、「次の恋がしたい」という気分になっているサインが、いろいろな部分にでていました。このようにカードがメッセージを繰り返し発していることも多いので、スプレッド全体からサインを受け取れるようになるとよいですね。また鑑定中のちょっとした質問に対しては、アドバイスカードを引かなくても、スプレッド内に答えがあることもよくあります。相互に共通点がありそうなカードを探してみてください。

深層心理を占いたい！

ケルト十字で心のなかを占う

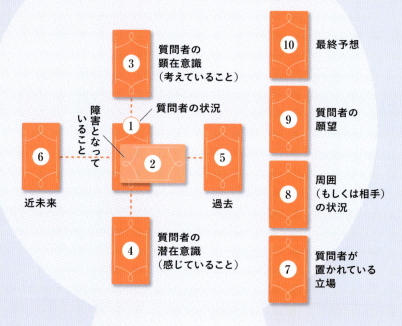

質問例

代表的なスプレッドの1つです。中央の十字を中心に、心のなかを深く掘り下げる軸、時系列の流れをあらわす軸、まわりからの影響を読み解く軸の3つからなっており、相互の関係を見ながらリーディングしていくことで、問題の深層を占うことができます。

枚数が多いため難しく感じるかもしれませんが、できるようになれば、かなり実力がついた証。自分のことだけでなく、「あの人はどう思っている？」と人を読み解くこともできます。

- 私が恋愛に抵抗を感じるのはなぜ？
- 子どもがなにを考えているかわからない……。
- 上司と意思疎通がうまくいかないけれど、どうすれば？
- 急に冷たくなった友人、その理由は？
- 恋人といつもケンカしてしまう原因はなに？

READING TECHNIQUE & FLOW
リーディングテクニック＆フロー

深層心理を占いたい！

リーディングの下ごしらえ（P20）

A 現状把握からはじめる

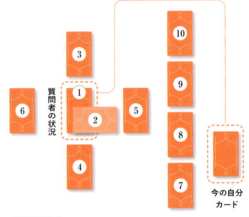

2枚から現状をつかむ

状況を把握するために①**質問者の状況**と**今の自分カード**を照らしあわせてみましょう。①**質問者の状況**は問題に対する質問者の態度や取り組みかたです。それに対し**今の自分カード**があらわすのは、今のコンディション。問題にきちんと向き合えない理由を**今の自分カード**があらわします。相手のぶんの**今の自分カード**を引くのもよいでしょう。

CHECK!
①**質問者の状況**が逆位置の場合、そのカードのように取り組みたいのにできない状況にあることも。

B 障害となっていることは正逆を考えない

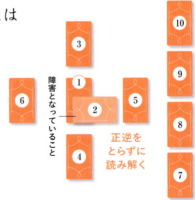

正逆をとらずに読み解く

②**障害となっていること**は問題の直接の原因を暗示します。ここにでるのは周囲の環境や妨害している人物、質問者自身の考えかたなど、いろいろ。基本的には逆位置をとらず、正位置として読むとよいでしょう。スプレッドの核となる部分なので、先入観をもたずに、スプレッド全体を見たときにパッと入ってきたインスピレーションを大事にして。

CHECK!
よい意味のカードの場合、カードが示す考えかたや状況が問題になっているとリーディングしてみて。

スプレッドでリーディングしてみましょう | 085

C 質問者の心のなかを顕在意識・潜在意識から読む

質問者の心のなかをさらに深掘りするのが③**質問者の顕在意識（考えていること）**④**質問者の潜在意識（感じていること）**の2枚です。顕在意識は質問者自身も自覚している部分、問題に対してどのように考えているかをあらわします。それに対し、潜在意識は質問者自身も気づいていない部分です。難しい場合は「考えていること」「感じていること」として考えるとよいでしょう。

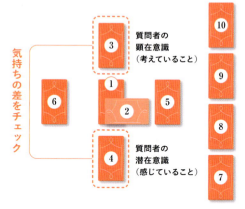

CHECK!
この2枚のカードのギャップが問題となっているケースも。「頭ではこう考えている（③**質問者の顕在意識**）」けれど、「内心、こう思っている（④**質問者の潜在意識**）」と解釈してみましょう。

D 問題の原因を示す2枚のつながりを探す

④**質問者の潜在意識**は相談者の本当の望みや隠れているおそれ、不安など、問題の原因や不満足を感じている理由などをあらわします。そのため②**障害となっていること**と結びついていることが多く、この2つに通じるものはないか、ていねいに読んでみましょう。

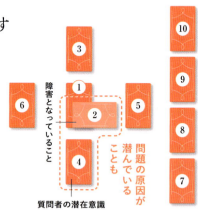

CHECK!
「本当はこう思っている（④**質問者の潜在意識**）」のに「これが問題でできない（②**障害となっていること**）」と考えると、ヒントが見えやすいですよ。

深層心理を占いたい！

E 問題の原因を掘り下げる

⑤**過去**には問題が引き起こされた原因が暗示されていることが多いようです。これに加え②**障害となっていること**と、④**質問者の潜在意識**の3枚をあわせて見ることで、問題の核心に迫りやすくなります。絵柄や数字、スート、正逆のバランスなど、下ごしらえでチェックしたポイントをここでいかしましょう。

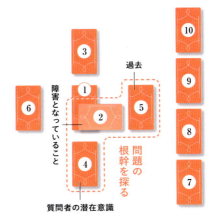

CHECK!
複数の逆位置がでている場合、「本当は正位置のようになりたいけれど、なにかが邪魔をして逆位置の状態になっている」と考えて。ほかのカードを関連させて読んでみるとヒントを見つけやすくなります。

F 運の流れをチェックする

問題が時間とともにどう推移していくか、⑤**過去**から⑥**近未来**の流れを見ていきます。⑤**過去**には問題を引き起こした原因があらわれることが多いでしょう。⑥**近未来**はこのまま進んだ場合、訪れる可能性が高い未来です。また、その間の①**質問者の現状**を、縦軸ではなく横軸で見ることでまた違う意味が見えてくるかもしれません。

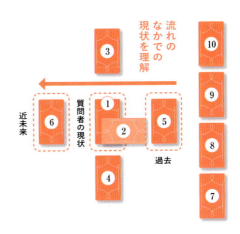

CHECK!
スリーカード（P37）と同様、カードの勢いを見てみて。大アルカナや、小アルカナのAがでているなら、勢いがあって動きがある、小アルカナのヌーメラルカードだと、それほど動きがないと解釈できます。

G まわりとのかかわりを読む

⑦質問者が置かれている立場は、「このカードのようにふるまっている」とイメージすると読みやすいでしょう。複数の人間が描かれたカードの場合、質問者をどの人物として見るかによって、意味も変わってきます。**⑧周囲（もしくは相手）の状況**は質問者のまわりはどういう状況にあるかを示します。相手がいるテーマを占った場合は、その人の心境や行動などがあらわれます。

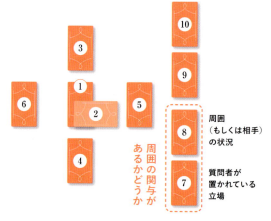

CHECK!
⑧周囲（もしくは相手）の状況には、問題にまわりがほとんどかかわっていない場合「問題ない」ということをあらわすカードがでるでしょう。

H 質問者の本当の望みを読み解く

⑨質問者の願望は重要なカード。質問者がこの問題をどうしたいのか、最終的な意思があらわれます。**③質問者の顕在意識**、**④質問者の潜在意識**のカードを踏まえつつ、ここにでたカードが「理想像」をあらわしていると読むとよいでしょう。よい印象のカードではない場合、「きっと無理」と諦めていたり、その問題に向き合うのを妨げているものがあると考えましょう。

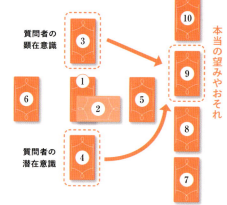

CHECK!
③顕在意識や④潜在意識は心の状態ですが、⑨質問者の願望はこの問題について「こうしたい！」という意思がある点が違います。

最終予想とあわせてリンクするカードを探す

問題がどういう結末を迎えるかを暗示するカードです。このカードがよければよしとする人が多いですが、あくまで予想にすぎません。ほかの9枚に、同じスートや数、似た構図など、つながりのあるカードを探してみて。それが最終結果に大きく影響を与えるでしょう。

最終予想

> リーディングのしあげ（P28）

深層心理を占いたい！

しあげから導いた答えは？ 穴埋めスプレッド

空欄をカードのキーワード（P164〜185）で穴埋めしてリーディングをストーリーにまとめてみましょう。

WHAT CAN YOU SEE?

● 今の自分カード ［　　　　］

① 質問者の状況　今、私は ［　　　　］ 状況にあります

② 障害となっていること　この問題における障害は ［　　　　］ です

③ 質問者の顕在意識（考えていること）
　私はこの問題に対し、［　　　　］ と考えています

④ 質問者の潜在意識（感じていること）
　私はこの問題に対し、［　　　　］ と感じています

⑤ 過去　かつて、この問題は ［　　　　］ 状況でした

⑥ 近未来　これから、この問題は ［　　　　］ 状況になっていきます

⑦ 質問者が置かれている立場
　この問題について私は ［　　　　］ 状況にあります

⑧ 周囲（もしくは相手）の状況　この問題について周囲は ［　　　　］ 状況にあります

⑨ 質問者の願望　私はこの問題について本当は ［　　　　］ と思っています

⑩ 最終予想　この問題は ［　　　　］ 状況になります

スプレッドでリーディングしてみましょう ｜ 089

CASE.06

── リーディングレッスン

"義理の母との関係が
うまくいっていません"

下ごしらえ

イレブンタロットが発生！
まさに今スクラップ＆ビルド

ケルト十字は他人の心を探るのにも適したスプレッドなので、今回はひとり暮らしている義母を占い、義母の視点で**今の自分カード**も引いてみました。**今の自分カード**に〈皇帝 逆〉、**⑤過去**に〈塔 逆〉のイレブンタロットが。義母は長年の価値観を刷新しなければならない運気にあるよう。それがお嫁さんである質問者にどう関与するか見ていきましょう。

⑤過去
塔 逆

今の自分カード（義母）
皇帝 逆

> **LUA**　全体に逆位置のカードが多いのも気になる点です。ここまで多いと、性格的にやや気難しいタイプとも判断できます。

> **質問者**　考えていることがわからなくてタロットで整理したいです。

深層心理を占いたい！

A 現状に不満を抱きつつも変えたいと思っている

①**義母の現状**をあらわす〈カップの4逆〉と**今の自分カード（義母視点）**は〈皇帝逆〉でどちらも「4」。安定を意味する数ですが、いずれも逆位置で、今までの安定を捨てるタイミングにきているようです。また**今の自分カード（質問者視点）**も〈ソードの4〉で逆位置。安定した状況から動きだす意味合いがあるので、「なんとかしなければ」という思いは一致しているようです。

①義母の状況
カップの4 逆

今の自分カード（義母）
皇帝 逆

今の自分カード（質問者）
ソードの4 逆

B 幸せな家族のイメージが障害になっていそう

②**障害となっているもの**にでたのが〈ペンタクルの10〉。義母のなかに存在する「家族はこうあるべき」という理想のイメージが障害になっているのかもしれません。たとえば「家族なら一緒に住んで当然」「お嫁さんはこうふるまうべき」といった価値観があり、合致しないものは受け入れられないのが現状でしょう。

> **LUA**　3枚ずつでたペンタクルとカップはいずれも受動的なスート（P97）。義母の保守的な思考が見てとれます。

②障害となっていること
ペンタクルの10

スプレッドでリーディングしてみましょう ｜ 091

C

目で見てわかる顕在意識と潜在意識の違い

③**義母の顕在意識（考えていること）**は〈ペンタクルのペイジ〉で唯一の正位置です。質問者との関係構築には前向き。それに対して④**義母の潜在意識（感じていること）**は〈隠者逆〉。意固地になっている様子がうかがえますね。隠者の落とした視線からも「どうせわかってもらえない」という諦めにも似た思いがあるのかもしれません。

③義母の顕在意識（考えていること）
ペンタクルのペイジ

④義母の潜在意識（感じていること）
隠者 逆

> **LUA** 〈隠者〉がペイジから意図的に目を背けているようにも見えますね。

D E

どうやら過去になんらかの事件があった様子

関係がギクシャクしている原因を探るため、②**障害となっていること**、④**義母の潜在意識**、⑤**過去**の3枚を見ると、〈塔逆〉が示すように過去になにか衝撃を受けることがあり、心が引きこもっている〈隠者逆〉状態。思い描く〈ペンタクルの10〉のような理想とかけ離れ、ひとりでさびしく暮らす現在の状況に悩んでいるよう。

②障害となっていること
ペンタクルの10

④義母の潜在意識（感じていること）
隠者 逆

⑤過去
塔 逆

> **質問者** 「一緒に暮らそう」といっていた義姉が引っ越してしまったので、ショックを受けたんじゃないかな……。

深層心理を占いたい！

長い苦しみから抜けだしたい気持ちが

義理のお姉さんとの一件が〈塔逆〉の示す意味だとするなら、長く苦しんだかもしれませんが、現在は〈カップの4逆〉。この状況を抜けだしたいと思っているようですよ。ただし⑥近未来は〈カップのキング逆〉なので、このままだと求める愛情を受け取れずじまいになってしまいそうです。そうならないために、次はまわりの状況がわかるカードからヒントを探ってみましょう。

⑥近未来
カップのキング 逆

①質問者の状況
カップの4 逆

⑤過去
塔 逆

LUA 1枚のカードを複数回、異なる角度や組みあわせで見ると新たな発見がありますよ。

逆位置でこぼれている愛情を正位置にしたい

⑦**義母が置かれている立場**として〈ソードの2逆〉がでました。今までの話を聞いていると、義姉と質問者の間で揺れているところがあるようです。そして⑧**周囲（もしくは相手）の状況**として〈カップのA逆〉がでました。義母の周囲にいる人、つまり家族からの愛を受け取りたいと心から願いつつも、逆位置なので外に流れだしてしまっている状況です。

ソードの2 逆
⑦義母が置かれている立場

カップのA 逆
⑧周囲（もしくは相手）の状況

LUA ⑥近未来の〈カップのキング〉の逆位置を変えるカギは、同じスートの〈カップのA〉が握っていると読みました。

スプレッドでリーディングしてみましょう | 093

H

ネガティブなカードが願望としてでた場合は？

⑨**義母の願望**としてでたのが〈ワンドの10逆〉です。③**義母の顕在意識**、④**義母の潜在意識**の2枚は、意固地な部分はありつつも、ちょっと変わろうとしている片鱗が見えます。そして②**障害となっていること**も「10」でしたが、意味合いとしては「ゴールの先へ」というイメージ。つまり「家族はこうあるべき」という従来の価値観が義母ご自身を苦しめているということをわかっているのかもしれません。

⑨義母の願望
ワンドの10逆

③義母の顕在意識
（考えていること）
ペンタクルのペイジ

④義母の潜在意識
（感じていること）
隠者逆

> **LUA** 願望が強すぎるために失うことへのおそれを抱いているとも読めますね。

I しあげ

アドバイスカードを引いて最終予想を見る

⑩**最終予想**にでた〈ペンタクルのクイーン逆〉は古きよき母のイメージですね。それが逆位置にでたということは「その考えを変えて、新しい家族の形を探っていく」ということかもしれません。**アドバイスカード**を引くと〈ワンドのA〉。こまかいことを気にせず、義母にどんどん話しかけていっては？　お嫁さんらしくふるまわなければと思いすぎることで距離ができてしまうのかも。理想に縛られず、質問者さんらしく行動すればよさそうです。

⑩最終予想
ペンタクルのクイーン逆

アドバイスカード
ワンドのA

深層心理を占いたい！

WHAT CAN YOU SEE?

しあげから導いた答えは？ 穴埋めスプレッド

- 今の自分（義母）カード　今すぐにでも次の世界に行きたい〈皇帝逆〉

- 今の自分（質問者）カード　十分に考えたので動きだしたい〈ソードの4逆〉

① 質問者の状況　今、義母は 不満を抱えているけど、
現状を変えたいと思っている〈カップの4逆〉 状況にあります

② 障害となっていること　この問題における障害は
家族は仲よくあるべきという理想が強すぎること〈ペンタクルの10〉 です

③ 質問者の顕在意識（考えていること）　義母はこの問題に対し、
質問者に関心をもっている〈ペンタクルのペイジ〉 と考えています

④ 質問者の潜在意識（感じていること）　義母はこの問題に対し、
どうせわかってもらえないと意固地になっている〈隠者逆〉 と感じています

⑤ 過去　かつて、この問題は
激しいショックを受けてその傷が長引いている〈塔逆〉 状況でした

⑥ 近未来　これから、この問題は 薄い関係で都合のよいことだけを見ようとする
〈カップのキング逆〉 状況になっていきます

⑦ 質問者が置かれている立場　この問題について義母は
質問者と義姉の間で板挟みになっている〈ソードの2逆〉 状況にあります

⑧ 周囲（もしくは相手）の状況　この問題について義母の周囲は
何者かがなんらかの失意や別れを味わわせた〈カップのA逆〉 状況にあります

⑨ 質問者の願望　義母はこの問題について これまでの価値観で生きるのは
限界なのかもしれない、解放されたい〈ワンドの10逆〉 と思っています

⑩ 最終予想　この問題は
甘やかして関係性がダメになる〈ペンタクルのクイーン逆〉 状況になります

- アドバイスカード　もっとどんどん話しかけていって大丈夫！〈ワンドのA〉

ていねいに見ることで「もっと家族の愛を感じたい」という義母の深層心理が見えてきましたね。人の心は変えることはできないものです。しかし、より深く理解するために相手を占うことで、よい方向へ向かうことができるでしょう。

スプレッドでリーディングしてみましょう | 095

人間関係を占いたい！

キーパーソンで人間関係を占う

Aさん

Bさん

Cさん

アドバイス

Dさん

Eさん

習いごとや部署、クラスなど、なんらかのグループの相性やそれぞれのキャラクターを分析することができるオリジナルスプレッドです。コートカード16枚をつかって行います。

スプレッドの形はデスク順や名前順に並べるなど、自由に決めてかまいません。グループの人数は最大16人で、それぞれの位置に個人名を設定します。最初にコートカード16枚をとりわけておき、人数分カードを引きます。アドバイスのみ、残った62枚すべてのカードから引いてください。

QUESTIONS 質問例

- 今度のゼミの発表、誰がリーダーにふさわしい？
- 新しくできたママ友グループ、どんな人がいる？
- この部署でキーマンとなるのはどの人？
- 新しい習いごとで価値観が近いのは誰？
- どんな編成にすれば業績がアップしそう？

READING TECHNIQUE & FLOW
リーディングテクニック&フロー

> 人間関係を占いたい！

リーディングの下ごしらえ（P20）

どんな価値観を重んじるのかをスートで見る

コートカードのスート（ワンド・ペンタクル・ソード・カップ）の違いは、それぞれの価値観の違いをあらわします。同じスートがでた人は考えが一致しやすいため、無理なく協調できるでしょう。ワンドとカップ、ペンタクルとソードのように正反対の価値観をもつ人は、反発しやすいものの、そのぶん、刺激がある関係と言えます（P152）。

ワンド（火）	能動的	情熱ややる気、おもしろさを重んじる
ペンタクル（地）	受動的	物やお金、計画性を重んじる
ソード（風）	能動的	言葉や情報、新しさや知性、思考を重んじる
カップ（水）	受動的	愛情や調和、インスピレーションを重んじる

CHECK!
どのスートが多かったかによって、やる気で突き進むのか、対話を重んじるのか……グループのムードが決まってくるでしょう。

どんな役割が得意かを階級で見る

コートカードの階級（ペイジ・ナイト・クイーン・キング）は、ものごとに取り組む際の得意な行動パターン。また階級の上下は目線の高さ、つまりどれくらいものごとの全体像が見えている人物かをあらわします。この２つの視点で考えてみましょう。

ペイジ	受動的	偵察する、事務作業
ナイト	能動的	突き進む、企画立案
クイーン	受動的	包み込む、心のケア
キング	能動的	指示する、全体の統括

CHECK!
性質なので実際の性別は問いません。男性のクイーンもいれば、女性のキングもあり得ます。

スプレッドでリーディングしてみましょう | 097

C 正位置・逆位置でグループに向き合う姿勢を見る

カードが正位置になった人は、そのグループでの活動にとても前向きであることをあらわしています。それに対し、逆位置だった場合は、あまり乗り気ではなかったり、積極的に参加したいと思っていないことをあらわしていると考えましょう。

正位置　　　逆位置

CHECK!
ここでも人物の視線がヒントになります。視線をそらすように見えたり、逆に交差している人は通じあうものがあったりするので、人間観察をするように眺めてみるとよいでしょう。

D 全体を見ながら個々のキャラクターを分析する

スートを見て誰と誰の価値観があうのか、階級を見てリーダーに向いていそうなのは誰かといったことをチェックしましょう。同時に、1枚もでないスートや階級があった場合もチェックして。グループ内にその要素をフォローできる人がいない、つまり弱点になるかもということですね。意識的にその部分を強化するとよいでしょう。

CHECK!
キングが2枚など、重複している場合はポジション争いに発展しやすいとも読めるでしょう。

E グループのカギを握るアドバイスを見る

つかわなかった62枚のカード（大アルカナ22枚、小アルカナ40枚）から、**⑥アドバイス**を引きます。これはグループをうまく運営するためのヒントや、気をつけるべきポイントとして活用しましょう。

残り62枚から
アドバイスを引く

CHECK!
ここで小アルカナがでたら、同じスートをもつメンバーがカギを握っているというふうにも判断できますよ。

リーディングしあげ
（P28）

人間関係を占いたい！

しあげから導いた答えは？ 穴埋めスプレッド

空欄をカードのキーワード（P164～185）で穴埋めしてリーディングをストーリーにまとめてみましょう。

WHAT CAN YOU SEE?

● 今の自分カード　　　　　

① Aさん　　　　　　　　が得意な人物です

② Bさん　　　　　　　　が得意な人物です

③ Cさん　　　　　　　　が得意な人物です

④ Dさん　　　　　　　　が得意な人物です

⑤ Eさん　　　　　　　　が得意な人物です

⑥ アドバイス　このグループは　　　　　　を心がけるとよいでしょう

スプレッドでリーディングしてみましょう　|　099

リーディングレッスン

" PTA役員に任命されました。うまくやっていくには？"

CASE.07

①Aさん　②Bさん　③Cさん
ペンタクルのペイジ　ワンドのキング 逆　カップのクイーン 逆

④Dさん　⑤質問者　⑥アドバイス
ペンタクルのクイーン　ワンドのナイト　ワンドの6

下ごしらえ A

価値観で見ると計画性を重んじるグループ

ペンタクルがふたり、ワンドがふたり（ひとりは逆位置）、カップがひとり（逆位置）。全体にペンタクルが優勢なグループであることが明らかになりました。ペンタクルは計画性を重んじますから、安定して会を運営できそうです。ただし情報に強いソードがひとりもおらず、連絡が滞ったり、非効率的なやりかたにならないようにする必要があるでしょう。

ペンタクルが多い
計画性を重んじる

ソードがひとりもいない
情報の扱いに弱い

100

> LUA　多いスート、少ないスートで
> そのグループがどんな性質か
> 予測することができます。

Ⓑ キング不在のグループを どのように動かす？

ペイジがひとり、ナイトがひとり、クイーンがふたり、キングがひとり。ただしキングは逆位置なので、自分が主導権を握りたいとはあまり思っていないよう。クイーンはふたりいますが、ペンタクル、カップともに受動的な性質をもつため、唯一、能動的な〈ワンドのナイト〉である質問者が率先して「これをしましょう」「こう決めましょう」とうながしていかなければならないチームのようです。

受動的
はたらきかける必要あり

能動的

⑤質問者

> LUA　階級がばらけているので、
> 役割分担をしやすいグループのようです。

Ⓒ 正位置と逆位置で 深層心理が見えてくる

正位置ででたのが3人、逆位置がふたりです。この並びを見ると、Bさん、Cさんが目を背けているようで「本当はやりたくないな」といっているかのよう。やる気にあふれているのが質問者の〈ワンドのナイト〉。そして〈ペンタクルのクイーン〉であるDさんは、一度引き受けたことはやりとげる責任感を発揮してくれそうです。

本当はやりたくない

②Bさん
ワンドの
キング 逆

③Cさん
カップの
クイーン 逆

④Dさん
ペンタクルの
クイーン

⑤質問者
ワンドの
ナイト

やる気がある！

D カード全体を見て役割分担を考えてみると……

〈ペンタクルのペイジ〉Aさんと、〈ペンタクルのクイーン〉Dさんは、どちらもまかされたことはきっちり責任を果たすので実働面をしっかり担ってくれるでしょう。あとは逆位置にでているふたりにも前向きに参加してもらえるとよいですね。〈ワンドのキング〉であるBさんはやる気重視。活動のおもしろさを伝えて「やりましょう！」と情熱に火をつけるようなはたらきかけがよいでしょう。

①Aさん
ペンタクルの
ペイジ

④Dさん
ペンタクルの
クイーン

LUA こんなふうに階級やスートをチェックすると具体的な接しかたも見えてきますよ。

質問者 Cさんが苦手なんですが対応のしかたもわかりますか？

ふたりのクイーンのケア方法もスートでわかる

カップとペンタクル、クイーンがふたりいる構成なので、ポジション争いが起こるかもしれません。とくに〈カップのクイーン〉Cさんは、Dさんばかりがちやほやされるとすねてネガティブなことをいいやすいので気をつけて。「あなたが必要です」など、情に訴えるようなアピールがよいでしょうね。Dさんには「すごい、完璧！」など有能さをほめるのが効果的です。

③Cさん
カップのクイーン 逆

④Dさん
ペンタクルの
クイーン

| E | しあげ |

チームのカギを握るのはワンドの人物

⑥**アドバイス**としてでたカードは〈ワンドの6〉です。つまりワンドの人物がキーパーソンとなるため、チーム全体のけん引役はやはり質問者自身になりそう。全員のやる気を引き出しつつ、それぞれ得意なことをやってもらえるように采配してみてください。そうすれば別名「凱旋カード」とも呼ばれるこのカードのように、いろいろな成果と称賛をもって帰ってこれるはずです。

⑤私
ワンドのナイト

⑥アドバイス
ワンドの6

しあげから導いた答えは？ 穴埋めスプレッド

① Aさん　計画性重視で事務作業〈ペンタクルのペイジ〉が得意な人物です
② Bさん　やる気重視で全体の統括〈ワンドのキング逆〉が得意な人物です
③ Cさん　愛情重視で心のケア〈カップのクイーン逆〉が得意な人物です
④ Dさん　計画性重視で心のケア〈ペンタクルのクイーン〉が得意な人物です
⑤ 質問者　やる気重視で企画立案〈ワンドのナイト〉が得意な人物です
⑥ アドバイス　このグループは　質問者自身が主導して
　チームワークを高めていくこと〈ワンドの6〉を心がけるとよいでしょう

コートカードという人物札をつかっているため、リーディングに迷いが生まれづらいのが特長で、たいていの人間関係が占えるでしょう。またスートと階級の考えかたからはアドバイスを導きやすく、部署やチームの雰囲気があまりよくないとき、ぜひ活用して改善策を考えてみてください。

人間関係を占いたい！

WHAT CAN YOU SEE?

運気を占いたい！

ホロスコープであらゆる運を占う

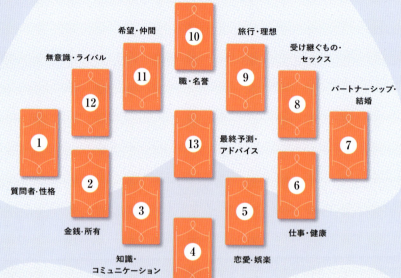

- 1 質問者・性格
- 2 金銭・所有
- 3 知識・コミュニケーション
- 4 家庭・身内
- 5 恋愛・娯楽
- 6 仕事・健康
- 7 パートナーシップ・結婚
- 8 受け継ぐもの・セックス
- 9 旅行・理想
- 10 職・名誉
- 11 希望・仲間
- 12 無意識・ライバル
- 13 最終予測・アドバイス

　西洋占星術で用いる星の配置図「ホロスコープ」を模したスプレッドです。今回は、現在のあらゆる運気のコンディションをじっくり読み解く方法として紹介します。

　誕生日や元日、東洋の新年のはじまりである立春、ものごとのスタートにふさわしい新月のタイミングなどに、運勢全般をチェックするとよいでしょう。占った結果を記録に残し、あとで振り返るのもおすすめです。

QUESTIONS 質問例

- 今、私がいちばん向き合うべきテーマは？
- 誕生日からのこれから1年、どうなる？
- 最近すべての運が悪い気がする……私はどうなっているの？
- 今日の新月から次の新月までの運気の流れは？
- 仕事、恋、お金どれに力を入れたほうがよい？

READING TECHNIQUE & FLOW
リーディングテクニック＆フロー

> リーディングの下ごしらえ（P20）

 A　気になるカードの位置をチェックする

下ごしらえの段階で、気になるカードがあると思います。それがどの位置にでたのか、どんな意味をもつのかを確認しておきます。それぞれの位置に複数の意味が割り当てられているものは、占う前にどちらを知りたいか決めておくとよいでしょう。

①質問者・性格	②金銭・所有	③知識・コミュニケーション
性格の傾向や人からの印象、雰囲気やファッションをあらわします。	毎月のお金の出入りや、経済活動、今のお金事情などをあらわします。	学習意欲や習いごと、人づきあいに対する姿勢などがあらわれます。
④家庭・身内	⑤恋愛・娯楽	⑥仕事・健康
住居や家族、身内のように思っている人との関係性があらわれます。	恋愛、レジャーや創作活動など楽しむこと全般をあらわします。	会社など組織内での活動、あるいは健康全般をあらわします。
⑦パートナーシップ・結婚	⑧受け継ぐもの・セックス	⑨旅行・理想
結婚やビジネスなど、パートナーとの出会いや関係をあらわします。	人との親密なかかわり、家系、相続や贈りもの運などをあらわします。	旅行運や「こうなりたい」という理想に向けた行動をあらわします。
⑩職・名誉	⑪希望・仲間	⑫無意識・ライバル
社会での立ち位置、昇進や合格、名誉に関することがあらわれます。	同じ志をもつ仲間、サークルやコミュニティをあらわします。	無意識に感じている思い、スピリチュアルな力をあらわします。
⑬最終予測・アドバイス		
全体を通して、今のテーマ、心にとめるべき指針をあらわします。		

CHECK!
大アルカナ＞小アルカナのA＞それ以外の小アルカナの順で、重要度が高いと読みます。

B スプレッド全体の傾向を見る

ホロスコープは4つに分割することができます。大アルカナが多くでているエリアをチェックすると、そのときの課題となっていることがわかります。

> **CHECK!**
> 大アルカナに限らず、「右半分にソードが多い」であれば、人間関係でストレスが多い時期と解釈できるでしょう。小アルカナのほかのスートでも同様です。

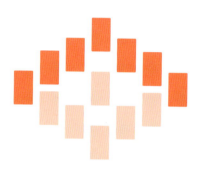

上半分に大アルカナが多い

仕事や肩書きなど、公的な自分がクローズアップされている

下半分に大アルカナが多い

趣味や恋愛など、プライベートな自分がクローズアップされている

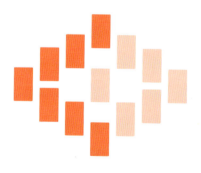

左半分に大アルカナが多い

内省やスキルアップなど、自分自身とのかかわりがクローズアップされている

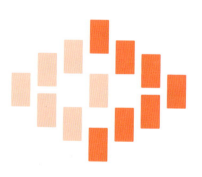

右半分に大アルカナが多い

パートナーや家族など、他者とのかかわりがクローズアップされている

C 反対側にあるカードと補いあいながら読む

枚数が多いホロスコープスプレッドは、1枚1枚をバラバラに読んでまとまらなくなりがち。そこで占星術のリーディングテクニックとしてもつかわれる「ポラリティ」の考えかたで整理して。ポラリティとは180度対向の位置にあるテーマは関連しあうという考えかたです。この組みあわせでカードをチェックすると、リンクする部分を見つけやすく、リーディングを深めるきっかけになるでしょう。

> **CHECK!**
> たとえば②と⑧に重要なカードがでていれば、質問者にとってお金がいちばんの関心事になっていると読めます。お金をがほしいならヒント（②）は、もらうお金（⑧）にあるかもしれません。

運気を占いたい！

①質問者・性格
自分

⑦パートナーシップ・結婚
他人とのかかわり

②金銭・所有
自分のお金

⑧受け継ぐもの・セックス
他人からもらうお金

③知識・コミュニケーション
身近な学びと深淵な学び

⑨旅行・理想
知ることと理解すること

④家庭・身内
自分の居場所

⑩職・名誉
外に出ていく場所

⑤恋愛・娯楽
自己表現の追求

⑪希望・仲間
ほかの人との連携

⑥仕事・健康
肉体と精神性

⑫無意識・ライバル
メンテナンスと解放

スプレッドでリーディングしてみましょう | 107

D 知りたいテーマ別に見るべきカードをチェック

「とくに恋愛運を見たい」「仕事で悩んでいる」など、目的や知りたいことがはっきりしている場合、重点的にチェックするとよいカードがあります。これらのカードを見ると、答えにつながりやすいでしょう。

恋愛	⑤（結婚は⑦）	人間関係	③（SNSは⑪）
仕事	⑥（地位は⑩）	旅行	③（海外旅行は⑨）
お金	②（臨時収入は⑧）	学び	③（高等教育は⑨）
健康	⑥（外見は①）	家族	④（家系は⑧）
悩み	⑫	趣味	⑤

CHECK!
複数の候補があるものは、より知りたいことに近い内容のカードを選びましょう。

E 最終予測からアドバイスを読み分ける

全体的に今はどういう時期なのか、なにが課題になるのかをあらわすカードです。すべてのテーマがここに集約されていると考えましょう。場合によっては「この時期を過ごすためのアドバイス」として読んでもよいでしょう。

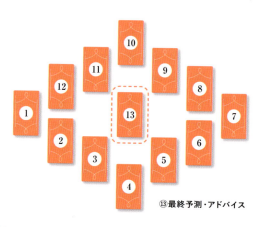

⑬**最終予測・アドバイス**

CHECK!
ここに悪いカードがでると読みづらくなりますよね。「カードの意味を乗り越えることが課題」「そうならないように気をつける」といった解釈をするとよいでしょう。

リーディングのしあげ（P28）

運気を占いたい！

しあげから導いた答えは？ 穴埋めスプレッド

空欄をカードのキーワード（P164~185）で穴埋めして
リーディングをストーリーにまとめてみましょう。

WHAT CAN YOU SEE?

● 今の自分カード

① 質問者・性格　今、私自身は　　　　　　状態です

② 金銭・所有　今、私の金運は　　　　　　状態です

③ 知識・コミュニケーション
　　今、私の関心は　　　　　　状態です

④ 家庭・身内　今、私の身辺は　　　　　　状態です

⑤ 恋愛・娯楽　今、私の楽しみは　　　　　　状態です

⑥ 仕事・健康　今、私の仕事（健康）は　　　　　　状態です

⑦ パートナーシップ・結婚
　　今、私の対人関係は　　　　　　状態です

⑧ 受け継ぐもの・セックス
　　今、私が受け継ぐものは　　　　　　状態です

⑨ 旅行・理想　今、私の目指すものは　　　　　　状態です

⑩ 職・名誉　今、私の立場は　　　　　　状態です

⑪ 希望・仲間　今、私の交友関係は　　　　　　状態です

⑫ 無意識・ライバル　今、私の無意識は　　　　　　状態です

⑬ 最終予測・アドバイス
　　今、心がけるべきことは　　　　　　です

スプレッドでリーディングしてみましょう

———————————————— リーディングレッスン

CASE.08

"これから半年の運気を知りたいです！"

⑪仲間
力 逆

⑫無意識
吊るし人

⑨理想
カップの6 逆

⑧受け継ぐもの
戦車 逆

⑩職・名誉
ワンドの6 逆

⑦パートナーシップ
ワンドの10 逆

①質問者
カップのA 逆

⑬最終予測
ペンタクルの10 逆

②金銭
カップの2

⑥仕事
魔術師

③知識
カップの4

⑤娯楽
ソードの2

今の自分カード
ペンタクルのナイト

④家庭
ソードのナイト

下ごしらえ

イレブンタロットが発生！
力のコントロールが課題に

イレブンタロット

⑪仲間と⑫無意識の位置に、〈力〉と〈吊るし人〉のイレブンタロット（P23）が発生しています。この意味は「動と静」、能動的強さと受動的強さ。ただし〈力〉は逆位置なので、力の制御ができていないことを暗示。〈吊るし人〉のようにひたすら耐えて抑え込む状態です。このことから、質問者は「みずからの力のコントロール」に課題があるとうかがえます。

⑪仲間
力 逆

⑫無意識
吊るし人

> LUA　イレブンタロットは質問のテーマを
> わかりやすく提示してくれますね。

運気を占いたい！

大アルカナがでた場所を
確認するだけでもヒントが

目立つカードとして挙げられるのは、13枚中4枚の大アルカナ、そして1枚のAでしょう。⑥**仕事**の〈魔術師〉が示すように仕事面はうまくいっていそうですが、それ以外は逆位置が多く、エネルギーが暴走しているか、うまく機能していないよう。精神的には⑫**無意識**の〈吊るし人〉が示すようになにかをじっと考えて、この状況を打開したいと願っているように見えます。

①質問者　⑥仕事
カップのA 逆　魔術師

⑧受け継ぐもの　⑪仲間　⑫無意識
戦車 逆　力 逆　吊るし人

上半分が逆位置、
公的な面でやや混乱が……

上半分のカードがすべて逆位置になっていることから、仕事や公的な活動においてストレスフルな状況にあるようです。それに対してプライベートは正位置が多いため、充実しているように見えますが、実は意外とソードが多く、リラックスできているというよりは淡々とこなしているだけという印象です。

⑪仲間　⑩職・名誉　⑨理想
力 逆　ワンドの6 逆　カップの6 逆

> LUA　④家庭、⑤娯楽がともにソードなので
> 休息や余暇の時間を楽しむというより、
> やりすぎているだけなのでは。

スプレッドでリーディングしてみましょう　｜　111

ポラリティで見えてくる本当のストレス源

問題があるときは、ポラリティで見ていくことで整理しやすくなるでしょう。全体的に、日々の暮らしはつつがないものの、人間関係や仕事への満たされなさがあり、今後どうしたらよいか思案している真っ最中の状況でしょう。

①**質問者**と⑦**パートナーシップ**を見ると、〈ワンドの10逆〉が示すのは人間関係にふりまわされている状況。その結果、〈カップのA逆〉のように、自分自身のエネルギーが漏れだしているようです。

②**金銭**が〈カップの2〉で穏やかなのですが、⑧**受け継ぐもの**が〈戦車逆〉。収入は安定していますが、つかうお金が大きくなっているのは、もしかしたらストレスが原因かも。

③**知識**が〈カップの4〉で新たになにかを学んだり取り入れることには迷いが。⑨**理想**が〈カップの6逆〉で、どちらかというと「あのころはよかった」と後ろ向き。

④**家庭**は〈ソードのナイト〉なので、プライベートはきっちりコントロールできていることがわかります。それに対して⑩**職**が〈ワンドの6逆〉で不満を抱いており、この落差もストレスに。

⑤**娯楽**は〈ソードの2〉で、個人で楽しむ趣味はバランスよくやっているようですが、⑪**仲間**は〈力逆〉で、忙しさもあってよい交友関係を築けていないよう。

⑥**仕事**が〈魔術師〉で、肉体面ではパワーにあふれているものの、⑫**無意識**は〈吊るし人〉で、精神的に追い込まれ、考える時間が増えているかもしれません。

質問者 まさにそうです！ とくに仕事面はどうでしょうか？ いちばんのストレス源なんです。

運気を占いたい！

D とくに知りたいことは関連する位置を読む

⑥**仕事**が〈魔術師〉で、⑩**職**が〈ワンドの6 逆〉となっており、クリエイティブにいろいろなものを生み出してはいるのですが、しあがりに納得できず、「もうちょっとできたのは」という後悔があるよう。また仕事の⑨**理想**が「過去にやっていたことの焼き直し」であることも意欲をそいでいるのかもしれません。

⑥仕事
魔術師

⑩職
ワンドの6 逆

⑨理想
カップの6 逆

「6」のカードが意味するもの

「6」のカードが2枚でていることに注目しましょう。「6」の意味は「バランスをとる」ということです。⑨**理想**と⑩**職**のバランスと考えると、過去を暗示する〈カップの6 逆〉が、仕事によくない影響を与えているのかもしれません。「あのやりかたをすればうまくいくはず」という思い込みもあるのかも。仕事がうまくいかないことが⑪**仲間**への当たりの強さや⑫**無意識**の不満の抱え込みにつながっているのかもしれません。

⑩職
ワンドの6 逆

⑨理想
カップの6 逆

> **LUA** 同じ数がでているときは、2枚を組みあわせて考えてみて。そこから生まれるイメージがとても大切です。

最終予測が逆位置なら
「そうならないようにする」と考える

ここまでのリーディングで、過去のやりかたにこだわっていると、しあがりもいまひとつだし、質問者のモチベーションも上がらないという状況が見えてきました。そうすると⑬**最終予想**の〈ペンタクルの10 逆〉もしっくりきます。過去のやりかたはもう限界。小アルカナには10以上の数はありません。いったん卒業しないと新しいものは生まれないということなのでしょう。

⑬**最終予測・アドバイス**
ペンタクルの10 逆

質問者　そのためにはどうしたらよいか、もっと具体的なアドバイスはありますか？

しあげ

気になることがあるなら
アドバイスカードを

アドバイスカードは〈司祭〉。自分が信じるものを信じ抜くことが大切ということです。もともと**今の自分カード**が〈ペンタクルのナイト〉なので、人の意見には流されないはず。でも、成功した過去の自分に流されているのかもしれません。どうなるかわからなくても、今の自分が「これだ」と思うものを信じて挑戦すること。そうして仕事面がうまくまわるようになれば、プライベートも心置きなく楽しめるようになると思いますよ。

アドバイスカード　司祭

LUA　スプレッド全体に青が多く占めているのも印象的でした。青は理性の色。ちょっと考えすぎているのかも。それをゆるめてあげるだけでも違うと思いますよ。

質問者　理性よりも情熱で、新しいことをするエネルギーをよみがえらせます！

しあげから導いた答えは? 穴埋めスプレッド

● 今の自分カード　着実に前進している〈ペンタクルのナイト〉

① 質問者・性格　今、私自身は　やや放心して抜け殻のような〈カップのA逆〉　状態です

② 金銭・所有　今、私の金運は　調和して安定している〈カップの2〉　状態です

③ 知識・コミュニケーション
　　　今、私の関心は　不満がいっぱいで微妙な〈カップの4〉　状態です

④ 家庭・身内
　　　今、私の身辺は　むだなく合理的に進んでいる〈ソードのナイト〉　状態です

⑤ 恋愛・娯楽
　　　今、私の楽しみは　あわただしさが収まり落ち着いた〈ソードの2〉　状態です

⑥ 仕事・健康　今、私の仕事（健康）は
　　　クリエイティブな才能を発揮できている〈魔術師〉　状態です

⑦ パートナーシップ・結婚
　　　今、私の対人関係は　限界を迎えて手放していく〈ワンドの10逆〉　状態です

⑧ 受け継ぐもの・セックス
　　　今、私が受け継ぐものは　暴走してとめられない〈戦車逆〉　状態です

⑨ 旅行・理想　今、私の立場は
　　　過去の栄光を引きずっている〈カップの6逆〉　状態です

⑩ 職・名誉　今、私の目指すものは
　　　いまひとつ満足できない〈ワンドの6逆〉　状態です

⑪ 希望・仲間　今、私の交友関係は　よい協力関係を築けていない〈力逆〉　状態です

⑫ 無意識・ライバル
　　　今、私の無意識は　心身の許容量をこえて反省している〈吊るし人〉　状態です

⑬ 最終予測・アドバイス　今、心がけるべきことは
　　　慢心せずに負の遺産を解消すること〈ペンタクルの10逆〉　です

問題は個別に発生しているわけではなく、根っこは同じであることも多いもの。今回のように逆位置が多くても、イレブンタロットのテーマである「力のコントロール」ができれば、解決を目指せるでしょう。

スプレッドでリーディングしてみましょう　｜　115

時期を占いたい！

カレンダーで タイミングを占う

〇月

〇月

〇月

「タイミングはいつがよい？」はニーズが高い質問。転職、引っ越し、結婚式など人生の大イベントのみならず、ヘアサロンや買い物といった日常的なできごとも、できるだけよい日を選びたいという人は多いでしょう。

占える期間は、月・日・時間など、好きなように設定できます。イベントの開催日や情報の公開日なども決められるので、ビジネスにも役立てることができます。手帳などに、でたカードを書きとめて結果がどうなったか検証するのもよい練習になるでしょう。

QUESTIONS 質問例

- 引っ越しをしたい！ 半年以内でいつがよい？
- ヘアサロンに行くなら来週のいつ？
- スーパーに買い物にいくのは何時にしよう？
- 転職をしたいんだけどいつぐらいがベスト？
- SNSのポスト、いつにすれば反響がありそう？

READING TECHNIQUE & FLOW
リーディングテクニック&フロー

時期を占いたい！

 占いたい時期や期間を整理する

占いたいテーマに関して、どんなタイミングを知りたいのか整理します。「3カ月以内に引っ越しをしたいけどいつがよい?」であれば、だいたいの希望時期として、「8月」「9月」「10月」などと設定します。このほか、質問したい内容に応じて「朝・昼・夜」「午前・午後」などと設定するとよいでしょう。

月の場合例 — 8月／9月／10月
時間帯の場合例 — 朝／昼／晩

CHECK!
あまりにも遠い未来を占うのはタロットには不向きです。範囲はだいたい半年以内にしましょう。

リーディングの下ごしらえ（P20）

B **決めた時期についてカードを引く**

それぞれ、設定した時期に対してカードを引きます。できるだけ先入観なく均等にカードを見たほうがよいので、配置するときは、横一列などにしましょう。そのなかでよさそうなカードを判断します。優先順位としては「大アルカナ＞小アルカナのA＞そのほかの小アルカナ」となりますが、よし悪しは質問内容によります。

8月　9月　10月

CHECK!
あまりよい印象のカードがなかったり、逆位置ばかりだったりしたときは「今はまだ占う時期ではない」というメッセージの場合もあります。

スプレッドでリーディングしてみましょう ｜ 117

いちばんよさそうな時期からしぼり込む

でた結果を見ながら、いちばんよさそうな時期を1つ選び、さらにしぼり込みます。月で設定した場合は、次は、その月の第1週〜第5週として5枚のカードを引いたり、上旬・中旬・下旬として3枚のカードを引いてもよいでしょう。

CHECK!
引いたカードは束に戻さず、残っているカードから引いていきます。

さらにしぼり込んでカードを引く

「第〇週」としてカードを引いたなかでいちばんよさそうな週を選び、その週の日付を位置に設定しましょう。それぞれにカードを引きます。これを繰り返すと、タロットが選んだベストな1日を割りだすことができるはずです。

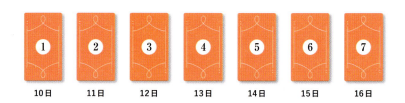

CHECK!
さらに時間帯までしぼり込みたい場合は、このあとに「午前・午後」などと設定し、カードを引くとよいでしょう。

E よりよい時期を検討する

最終的にカードを見比べて「この日」を決めます。どのカードを吉日とするかは、質問の内容しだい。美容院に行くなら〈女帝〉の日がよさそう。コンペであっても、積極的に攻めたいなら〈戦車〉、うまくプレゼンしたいなら〈魔術師〉がよいでしょう。「その日にどんな自分でありたいか」を考えると、選ぶべきカードが見えてきますよ。右はその一例として参考にしてみて。

入籍・結婚	世界、カップの10
美容院へ行く	女帝、星
ショッピング	審判、ペンタクルのA
マッサージを受ける	節制、ソードの4
別れを告げる	死、カップの8
引っ越しをする	ワンドの4、ペンタクルの10
習いごとをはじめる	女司祭、節制
ギャンブルをする	運命の車輪
告白をする	恋人、カップのA
起業する	皇帝、ペンタクルのA
ホームパーティ	ワンドの3、ワンドの4
プレゼン	魔術師、ワンドの6
ものごとのスタート	各スートのA

CHECK!
逆位置がでた日はエネルギーがどうでるか予測できないので、選ばないか、運を補正するつもりで過ごしましょう。

> 時期を占いたい！

リーディングのしあげ（P28）

しあげから導いた答えは？ 穴埋めスプレッド

空欄をカードのキーワード（P164〜185）で穴埋めしてリーディングをストーリーにまとめてみましょう。
※設定した時期・期間で言葉を入れてください。

● 今の自分カード _____

① ○月　○月は _____ 状況です

② ○月　○月は _____ 状況です

③ ○月　○月は _____ 状況です

　　第○週　第○週は _____ 状況です

　　○日　○日は _____ 状況です

WHAT CAN YOU SEE?

スプレッドでリーディングしてみましょう | 119

—— リーディングレッスン

CASE.09

"新商品の発売日はいつがよいですか？"

①7月
吊るし人 逆

②8月
ワンドの8

③9月
女司祭 逆

今の自分カード
ワンドの9 逆

下ごしらえ A B

時期を設定してカードを引くと……

現在開発中の商品の情報公開のタイミングを占います。考えている時期は3カ月以内ということだったので①7月②8月③9月で設定しました。カードを引いたところ大アルカナが2枚でしたが、どちらも逆位置。それに対し、②8月の〈ワンドの8〉は「追い風」をあらわすカード。そこで今回は8月のいつごろがよいかしぼり込んでいきます。

②8月
ワンドの8

LUA　逆位置は不安定な状況と読みます。対策がなければ、大アルカナでも優先順位は低いですね。

質問者　7月だとまだ準備が整っていなさそうで、8月はちょっとがんばればできるという感じです。

「第〇週」で1カ月間のカードを引いてみる

8月④第1週から⑧第5週まで、5枚のカードを引いたところ⑤第2週の〈ペンタクルの10〉が目立つ結果に。⑧第5週の〈カップの2〉もよいですが、数が小さいため喜びとしては小規模になりそう。しっかり利益をだしたいなら〈ペンタクルの10〉の⑤第2週にまにあわせたいところです。

④第1週　悪魔 逆
⑤第2週　ペンタクルの10
⑥第3週　ワンドのペイジ 逆
⑦第4週　カップの5 逆
⑧第5週　カップの2

LUA　反響があって利益になりそうなのは〈ペンタクルの10〉ですね。

質問者　第3週、第4週は人がぽつんとしていて盛り上がりに欠けそうですね。

第2週の7日間でカードで引いてみる

さらに第2週の7日間、1日ずつカードを展開。結果として、全体に逆位置が多く不安定。そのなかでも⑫7日が〈カップのA〉、⑭9日が〈戦車〉で目立っており、商品の発売日としては、このどちらかが有望でしょう。

⑩5日　ペンタクルの3 逆
⑫7日　カップのA
⑭9日　戦車
⑨4日　ソードの6 逆
⑪6日　ペンタクルの4 逆
⑬8日　ソードのキング 逆
⑮10日　カップのペイジ 逆

スプレッドでリーディングしてみましょう | 121

E 商品の性質にあわせて よい日取りを選ぶ

カードを見比べて、ふさわしい1日を選びます。今回は新商品が勢いよく広まってほしいということで〈戦車〉を選びましたが、「末永く愛されるものにしたい」というのであれば〈カップのA〉の日を選んでもよいですね。効果を知るために期間が必要な商品がどうかでも変わってくるでしょう。さらに、案件を成功させるためのアドバイスカードを引いてみます。

8月
ワンドの8

ペンタクルの10
第2週

9日
戦車

> 質問者 成功させるための
> アドバイスをお願いします!

しあげ

アドバイスカードで 成功の秘訣を占うと……

新商品の発売に向けて**アドバイスカード**を引いてみました。でたのは〈ペンタクルの8〉。「コツコツ、手抜きをせずにやるしかない」といっているようです。いちばん最初の②**8月**にも〈ワンドの8〉でした。ここまで「8」が強調されているということは、意味があると考えて。「8」は「1つ上のステージに進む」ことを暗示するカードなので、大ヒットも十分に見込めそうです。

8月
ワンドの8

アドバイスカード
ペンタクルの8

> LUA 発売日までコツコツ準備を進める
> 質問者さんの姿にも見えますね。

時期を占いたい！

WHAT CAN YOU SEE?

しあげから導いた答えは？ 穴埋めスプレッド

● 今の自分カード
新商品の発売にまだ十分にそなえられていない〈ワンドの9逆〉

① 7月　7月は　準備が不十分で身動きがとりづらい〈吊るし人逆〉　状況です

② 8月　8月は　とんとん拍子にうまくいく〈ワンドの8〉　状況です

③ 9月　9月は　考えすぎてしまって機を逃してしまう〈女司祭逆〉　状況です

④ 第1週　8月第1週は　欲がでて迷いが生まれがちな〈悪魔逆〉　状況です

⑤ 第2週　8月第2週は　お盆休み目前で注目度が高い〈ペンタクルの10〉　状況です

⑥ 第3週　8月第3週は　みんな、レジャーで家にいない〈ワンドのペイジ逆〉　状況です

⑦ 第4週　8月第4週は　思ったような結果が得られない〈カップの5逆〉　状況です

⑧ 第5週　8月第5週は　心が通じあう喜びを得られる〈カップの2〉　状況です

⑨ 4日　8月4日は　苦境にあと戻りしてしまう〈ソードの6逆〉　状況です

⑩ 5日　8月5日は　努力がきちんと評価してもらえない〈ペンタクルの3逆〉　状況です

⑪ 6日　8月6日は　利益ばかり追い求めている〈ペンタクルの4逆〉　状況です

⑫ 7日　8月7日は　みんなに喜んでもらえる〈カップのA〉　状況です

⑬ 8日　8月8日は　計算通りの結果がでなさそう〈ソードのキング逆〉　状況です

⑭ 9日　8月9日は　ガンガン情報が拡散されて広まっていく〈戦車〉　状況です

⑮ 10日　8月10日は　思っている人に情報が伝わらない〈カップのペイジ逆〉　状況です

● アドバイスカード
コツコツ手抜きをせずに準備を進めるとよさそう〈ペンタクルの8〉

運のよい日付の特定を行いました。その日に決めるまでのプロセスに、成功させるためのヒントが隠れていましたね。タロットはただ運勢を占ってカードを引くだけでなく、行動を起こすためのきっかけや動機づけにもつかうことができます。カレンダーで占った結果をもとに実行して、どうだったかを検証するとよいでしょう。

スプレッドでリーディングしてみましょう | 123

YES/NOを占いたい！

アンサーサーチで決断を占う

　　　YES　　　　　保留　　　　　NO

　スリーカードのアレンジとして紹介してきたスプレッドに名前をつけました。なにかを決断する際に「YES・保留・NO」という選択肢のどれがよいかを判断するスプレッドです。

　判断というと「YES・NO」の二択と思いがちですが、ここに「保留」という選択肢も加えているのがポイントです。占った問題自体がなくなってしまうこともありますし、「保留」があることで無理せず冷静に対応もできます。

　人生は決断の連続ですから、日常的に役立つスプレッドです。

質問例

新しい仕事の依頼を
受ける？ 受けない？

ネットショッピングの洋服、
買う？ 買わない？

友人にいいづらいことを
伝える？ 伝えない？

告白されたけど
つきあう？ つきあわない？

遊びの誘いに
行く？ 行かない？

READING TECHNIQUE & FLOW
リーディングテクニック＆フロー

 A YES・NOが
あらわす行動を決める

占いたいテーマに対して①**YES**②**NO**が
あらわす選択肢を決めます。このとき、
質問自体に否定的な意味合いがあると混
乱しやすくなります。たとえば「遊びの誘
い、断ってよい？」という質問だと①**YES**
（**断る**）、②**NO**（**断らない**）となるうえ、「断
りたい」という気持ちが入ってしまうので
気をつけましょう。

質問は中立な形に

YES　保留　NO

CHECK！
この場合、「遊びの誘いに、行く？」と
して①**YES**（**行く**）、②**NO**（**行かない**）
などの形にするとよいでしょう。

リーディングの下ごしらえ（P20）

B でたカードの
様子を探る

それぞれのポジションにでたカードを
パッと見たときに、明らかにいちばん有
望そうな選択肢があれば、それが答えで
す。このときの直感は裏切らないので従っ
て問題ないでしょう。「すぐに判断できな
い」と感じるカードだった場合は、1枚ず
つていねいに見ていきましょう。

絶対にこれ！

YES　保留　NO

パッと見て判断できない……

YES　保留　NO

CHECK！
いくら迷っていても自分のなかで答えは決まっているもの。その答えとカードが合致してい
たなら、決めてよいでしょう。ほかカードが明らかに強い場合は検討の余地がありそう。

C 今の自分カードとのつながりを見る

今の自分カードとスートや数が同じカードがでていたら、そこの選択肢に気持ちが傾いていると読むことができます。ただし**今の自分カード**が逆位置だったなら、そもそもこの決断に後ろ向きという解釈もできます。この場合に②**保留**が生きてきます。無理に選ばず、②**保留**を選択したほうがよいかもしれません。

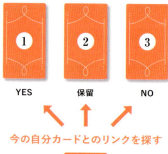

今の自分カードとのリンクを探す

今の自分カード

CHECK!
とくに**今の自分カード**のリンクが見つからないなら、質問者が本当に迷っていて判断できないと読みましょう。

D 判断がつかない場合は引き足す

重要な問題であれば、「それぞれを選んだ未来はどうなる?」として、カードを引き足してもよいでしょう。情報が増えれば手がかりを得やすくなりますね。ただし判断材料が増えるほど迷うケースもあるため、カードは増えればよいというものではありません。引き足さなくても、確信があるときはあたるものです。

YESを選んだ未来はどうなる?　保留を選んだ未来はどうなる?　NOを選んだ未来はどうなる?

YES　保留　NO

CHECK!
引き足しは多くなると混乱を招くので、自分でイメージできる範囲にしましょう。

最終的にとる行動を決める

結果として①YES、②保留、③NO、どの行動を選択するかを決めます。判断の基準となるのは、まずはカードの強さ「大アルカナ＞小アルカナのA＞それ以外の小アルカナ」です（P156）。そこからカードの意味合いや正位置・逆位置などを考慮します。ただ、決断はカードではなく本人がするものというのは択一（P44）と同様。すべての材料を統合して決めましょう。

リーディングのしあげ（P28）

どれを選ぶかは質問者が決めること

1　YES　　2　保留　　3　NO

CHECK!
内心「YES」なのにカードがよくないからやめるというのは本末転倒。「どうしてもやりたい場合、なにに気をつければよいか」など、アドバイスカードを引くとよいでしょう。

YES/NOを占いたい！

しあげから導いた答えは？　穴埋めスプレッド

空欄をカードのキーワード（P164~185）で穴埋めしてリーディングをストーリーにまとめてみましょう。

- 今の自分カード　　　　　　

① YES　「YES」を選ぶと　　　　　　　　状況になります

② 保留　「保留」を選ぶと　　　　　　　　状況になります

③ NO　「NO」を選ぶと　　　　　　　　状況になります

WHAT CAN YOU SEE?

スプレッドでリーディングしてみましょう　｜　127

CASE.10 ———————————— リーディングレッスン

" 髪を切りにいくよう注意されました "

①YES
ソードの8

②保留
司祭

③NO
ソードのペイジ 逆

今の自分カード
ペンタクルの
ペイジ

A 下ごしらえ

カードを読まなくても状況を推察できる

新卒で就職が決まった質問者が職務規定に違反するため髪形を変えなければいけない、という相談です。選択肢には①YES（髪を切る）、②保留、③NO（髪を切らない）を設定しました。でたカードをパッと見ると3枚中、ソードが2枚。「髪を切る」という質問とリンクしていますね。**今の自分カード**と③NOがともに駆け出しのペイジで、これも質問者とリンク。

ソード＝髪を切る

①YES
ソードの8

②保留
司祭

③NO
ソードのペイジ 逆

今の自分カード
ペンタクルのペイジ

LUA 中央の②保留の〈司祭〉が、YESとNOをなだめているかのようにも見えます。

> **質問者**　すごく腹が立っている私に「落ち着くように」といっているみたい。絵だけでもイメージできますね。

B
質問者の思いは「NO」もしくは「保留」……

パッと見て、目につくのはやはり大アルカナで、かつ正位置ででている〈司祭〉でしょう。さらに今の自分と同じペイジが③**NO**にでていることから「切りたくないんだろうな」ということはスプレッドを見てもわかりますね。結論としては②**保留**になりそうですが、もう少し質問者の心を見ていきましょう。

明らかに目立つカード

> **LUA**　結果だけパッと見て終わるのではなく「なぜそうなのか」をじっくりひもといてみましょう。

YESを選ぶと不満を覚える結末に

②**NO**よりも共通点が少ない①**YES**を選んで切ったとしても、〈ソードの8〉ですから、納得できないという気持ちが強く、だいぶ不満が残りそうです。また描かれている人物の髪が乱れていることからも、カットが気に入らないなどの未来も暗示されているよう。

①YES（髪を切る）
ソードの8 逆

> **質問者**　確かに描かれている人の髪が……そういうこともヒントになるんですね。

> **LUA**　絵柄から自由に連想してよいんですよ。

Ⓒ

今の自分カードが
すでに答えを示している

今の自分カードを軸に見ると、同じペイジの③**NO**に共感しており「切りたくない」が本当の気持ちでは。それを先のばしにしたい思いから②**保留**に大アルカナがでていると読めます。ただしどちらも若いペイジであることにも注目。会社にもなんらかの事情があるのに、まだ質問者が若くて理解しきれていない可能性はあるかもしれません。

③NO
ソードのペイジ 逆

こちらの選択に共感

今の自分カード
ペンタクルのペイジ

Ⓔ

大アルカナの〈司祭〉の
存在感が大きい

②**保留**の〈司祭〉に注目してみましょう。2枚のソードの間で仲裁しているかのよう。本当はどちらも解決にならないということに気づいているのかもしれません。今すぐ無理に髪を切らなくてもよいので、まずは保留にして自分で決心がつくまで待ってみてはという意味にとれます。「髪を切らされる」ではなく「髪を切ってすてきな自分になる」と思えるよう、似合う髪形を探してみるとよいかもしれません。

②保留
司祭

LUA　やはり大アルカナは存在感が大きいですね。送っているメッセージも考えさせられます。

YES／NOを占いたい！

> しあげ

あらためて「ペイジ」をチェック また違う未来が見えてくる

③ NO
ソードのペイジ 逆

今の自分カードと②**NO**にでたふたりのペイジをさらに深掘りしてみましょう。今はまだ新入社員で会社に従うしかないかもしれません。でも知略に富む〈ソードのペイジ〉は、未来の可能性にあふれています。前向きに受け取れば、カードが正位置に変わり、「会社のルールがおかしいなら変えていこう！」と将来的に改革する立場を担うかも。

しあげから導いた答えは？ 穴埋めスプレッド

- **今の自分カード**　就職が決まり、新しい人生に一歩踏み出そうとしている〈ペンタクルのペイジ〉

① **YES**　「YES（髪を切る）」を選ぶと
どうしてこんなことをしなければならないのと
被害妄想に陥る〈ソードの8〉　状況になります

② **保留**　「保留」を選ぶと
いったん落ち着いて心をなだめ、決心がつくまで待つ〈司祭〉　状況になります

③ **NO**　「NO（髪を切らない）」を選ぶと
「こんなわがままをいってよいのか」と
迷いが生まれてしまう〈ソードのペイジ逆〉　状況になります

「保留」という選択肢が生きたリーディングでしたね。生きていれば「YES・NO」だけで決められないことはたくさんあります。保留にする場合、どういう状態で待てばよいのかカードによって考えましょう。〈司祭〉なので「気持ちが落ち着くまで」としましたが、〈星〉だったら「理想の自分の髪形をイメージしてみて」というアドバイスになるでしょう。今回は「髪を切る」という日常的質問でしたが、同じ要領で「不採算の事業を切る」なんてヘビーなことも占えるのが、このスプレッドのおもしろいところです。

本格鑑定をしたい！

スプレッドを組みあわせて より深く占う

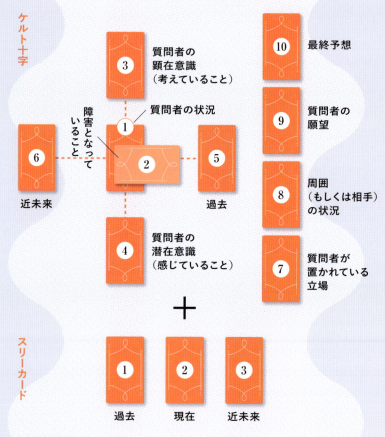

鑑定ではスプレッドを組みあわせて占うことがよくあります。

複数のスプレッドで占うことで、より深く質問者の心を読み解けるだけでなく、カードから読み取れることが少ないときに、ほかのスプレッドからヒントをもらうこともできるでしょう。

QUESTIONS 質問例

恋がしたいけれど過去の恋がトラウマでできません

なんとなく将来が不安です……

本格鑑定をしたい！

Reading Technique & Flow
リーディングテクニック＆フロー

 A 質問にあった
1つめのスプレッドを選ぶ

質問者が、自分がなにを占いたいのかわかっている場合と、そうでない場合があり、次の2パターンで考えてみましょう。

質問がはっきりしている場合は、①**原因を究明**してから、②**具体的アクション**を占うというパターンがおすすめ。①にはケルト十字、ホースシューなど問題解決に向いているスプレッド、②は択一、スリーカード、アンサーサーチなど、具体的な選択肢を設定しやすいものがよいでしょう。

なにを占ったらよいか漠然としている人の場合、①**状況を把握**してから、②**問題点を探る**のがスムーズ。①にはスリーカード、択一など、枚数が少なく、問題点があるかどうか明らかにしやすいスプレッドを。そして質問者に詳しく話を聞きながら、②にはケルト十字、ヘキサグラム、ハートソナーなど、悩みにあったスプレッドを展開するとよいでしょう。ホロスコープで、恋愛・仕事・お金などあらゆる運の状況を見たのちに、とくに知りたい運について深掘りしていくというやりかたもあります。

問題がはっきりしている

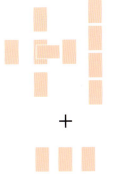

①原因を究明
ケルト十字
ホースシュー
ハートソナー　など

②具体的
アクション
択一
スリーカード
アンサーサーチ　など

問題がぼんやりしている

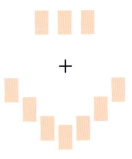

①状況を把握
スリーカード
択一
ホロスコープ　など

②問題点を探る
ホースシュー
ケルト十字
ヘキサグラム
ハートソナー
キーパーソン　など

> **CHECK!**
> 時間がない場合は、**今の自分カードを1回めのスプレッドとして代用しても。
> 今の自分カード**から、現在の状況について読んでみるとよいでしょう。

スプレッドでリーディングしてみましょう ｜ 133

リーディングの下ごしらえ（P20）

B 1つめのスプレッドを リーディングする

まずは1つめのスプレッドで、質問者が抱えている問題を明らかにしていきます。リーディングしていくと、問題の核心をあらわすカードが見えてくるはずなので、覚えておきましょう。また、この段階で「リーディングのしあげ」まで行います。さらに質問があった場合など、2つめをどのスプレッドにするか検討しましょう。

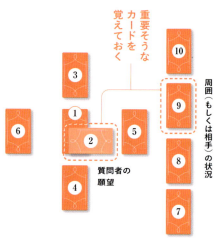

CHECK!
覚えきれない場合は、展開したスプレッドを撮影しておくとよいでしょう。

リーディングのしあげ（P28）

C 2つめのスプレッドを選ぶ

質問者が知りたいことにあわせて、組みあわせるスプレッドを選びます。質問者がうまく表現できない場合、1つめのスプレッドで問題となっていそうな点を手がかりにして。そこを深く掘り下げるようなスプレッドや、これからどうするとよいか、未来の展望を探るようなスプレッドを選んでもよいでしょう。

未来を占いたい	スリーカード　P36
どっち？を占いたい	択一　P44
気持ちを占いたい	ハートソナー　P54
問題を解決したい	ホースシュー　P64
相性を占いたい	ヘキサグラム　P74
深層心理を占いたい	ケルト十字　P84
人間関係を占いたい	キーパーソン　P96
運気を占いたい	ホロスコープ　P104
時期を占いたい	カレンダー　P116
YES/NOを占いたい	アンサーサーチ　P124

CHECK!
1つめのスプレッドが終わったら、カードが連続しないように束に戻し、再度シャッフルしなおしましょう。

本格鑑定をしたい！

他人の視点で占うこともできる

当事者が複数いる問題の場合はAさんの視点、Bさんの視点でそれぞれ占ってみることもできます。たとえば離婚問題を占う際、「離婚したいのですが、どうすればできますか？」という質問者の視点でケルト十字を占ったあと、相手の立場でケルト十字を展開してみてもよいかもしれません。

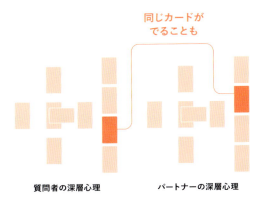

同じカードがでることも

質問者の深層心理　パートナーの深層心理

CHECK!
同じカードが、双方のスプレッドの違う位置にでたりすることも、重要なヒントになるでしょう。

過去を占うことで納得しやすくなる

タロットは未来のことだけ占うものではありません。実は過去のできごとを占うこともできます。後悔は人生につきもの。「なぜこうなったのだろう」と納得できず、先に進めないこともあるでしょう。そういうときに「あのできごとの意味はなんだったのか」をテーマに占ってみましょう。原因がはっきりすることで、現在の問題解決に近づくこともあります。

過去を占うのに適したスプレッド

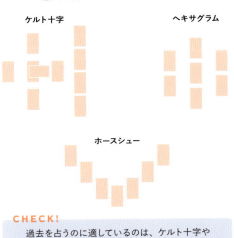

ケルト十字　　ヘキサグラム

ホースシュー

CHECK!
過去を占うのに適しているのは、ケルト十字やホースシュー、ヘキサグラムなどです。時系列が混乱しないように注意して。

スプレッドでリーディングしてみましょう | 135

リーディングの下ごしらえ（P20）

D 2つめのスプレッドを展開、1つめとのリンクを探す

選んだスプレッドを展開し、リーディングしていきます。とくに注目したいのは、1つめのスプレッドで問題点を暗示していたカードと、なんらかのつながりがあるカード。たとえば同じスートや数なら、かかわりがあると読めるでしょう。重要な手がかりとして関連づけて読めないか考えてみましょう。

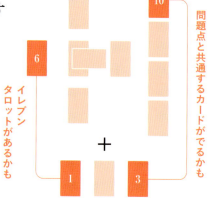

CHECK！
1つめのスプレッドと、2つめのスプレッドの間でイレブンタロット（P23）が発生することもあるのでチェックしてみましょう。

スプレッド全体の勢いを比較してみる

スプレッド全体を見て1つめと2つめで、勢いがどう変化しているかを見てみましょう。とくに問題点を暗示していたカードより、数が増えた印象があれば解決に向けて動きがあることを、減っていれば落ち着いていくことをあらわします。正位置・逆位置の割合がどう変化したかも重要です。正位置の割合が大きくなっていたら、ねじれていたエネルギーが正常化したと読めるでしょう。

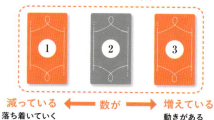

CHECK！
落ち着いていくと読めた場合は、動くよりも自分を見つめなおすなど、内省のときであると考えられます。

本格鑑定をしたい！

2つのスプレッドを よりこまかく見比べる

1つめと2つめのスプレッドにさらにつながりを探してみましょう。同じ数やスート以外にも、全体の色合いが似ている、質問内容と絵柄が合致する、繰り返し同じモチーフがでているといったこともあります。また1つめで「未来」にでていたカードが2つめの「過去」にでたなら、時間の流れに伴い、質問者に成長が見られると解釈できるでしょう。

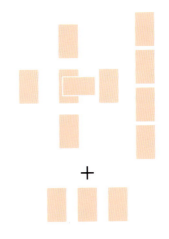

1つめと2つめでどんなつながりがあるかをチェック

CHECK!
1枚ずつじっくり見るだけでなく、引いた視点でスプレッド全体を俯瞰すると意外な共通点を発見できるかもしれません。

E　2つのリーディングを 統合して結論を導く

最終的に2つの結果を連動させながらリーディングしましょう。2つめのスプレッドを展開したことで、意外なカードが重要な意味をもってきたり、1つめのスプレッドででたカードに対する解釈が変わったりしているのではないでしょうか。1つめのスプレッドのしあげと2つめのスプレッドのしあげをうまくまとめて1つの物語になるようつなげてみましょう。

CHECK!
人を占っている場合、鑑定を通じて質問者の人柄が見えてきているはず。本人が自覚していない点をどう指摘したら理解してもらえるか考え、ていねいに伝えて。

リーディングのしあげ（P28）

※穴埋めスプレッドは使用したスプレッドの解説ページを参照してください。

スプレッドでリーディングしてみましょう ｜ 137

CASE.11

リーディングレッスン

"仕事を抱え込みすぎて終わりません……"

ケルト十字

③質問者の顕在意識（考えていること）
カップの10 逆

⑩最終予想
ワンドのキング

今の自分カード
愚者

①質問者の状況
ワンドの3 逆

②障害となっていること
ペンタクルの9

⑨質問者の願望
ソードのクイーン

⑥近未来
カップのナイト 逆

⑤過去
カップの4

⑧周囲（もしくは相手）の状況
カップのキング 逆

④質問者の潜在意識（感じていること）
カップの9

⑦質問者が置かれている立場
吊るし人

スリーカード

①過去
塔 逆

②現在
ペンタクルの6 逆

③近未来
カップの10

今の自分カード
カップの4 逆

A 下ごしらえ

心の真相を探るべくケルト十字を

仕事を抱え込んでしまう原因を探るため、ケルト十字（P84）を選びました。パッと見たときに「数が多い」という印象。コートカードも4枚でており、ふたりのキングが印象的。さらに**②障害となっていること、④質問者の潜在意識（感じていること）の「9」**がカギになっていそうです。

> **LUA** ケルト十字は②障害となっていることが重要な意味をもつことが多いですね。

B 実績があるからこそ油断しているのかも

②障害となっていること、**④質問者の潜在意識（感じていること）**にでたのがどちらも「9」で「たくさんのものをもっている」カードです。つまり、質問者には長年仕事をしてきた経験や自信があって、これくらいならなんとなるという油断があるのかも。内心は焦っていないことが、仕事を抱え込んでしまうことにつながっているのかもしれません。

②障害と　　④質問者の　　今の自分カード
なっていること　潜在意識
ペンタクルの9　カップの9　　愚者

> **LUA** 今の自分カードもふくめ、黄色い背景が印象的なのも過度な楽観性が影響していそうですね。

B しあげ 複数のコートカードが暗示するのは……

多数のコートカードがでているのに注目。なかでも⑩**最終予想**の〈ワンドのキング〉だけが正位置。質問者はやる気で乗り切ろうとするのでしょう。でも本当は⑨**質問者の願望**にでている〈ソードのクイーン〉のように、きちんと進めたいと願っているはず。そこでカギを握るのが⑧**周囲（もしくは相手）の状況**と⑥**近未来**にでているカップ。いずれもひっくり返ってしまっています。「人に頼りたい」「サポートしてほしい」という気持ちを、もっと表にだしていけば、うまくいくのでは。

⑩最終予想
ワンドのキング

⑨質問者の願望　⑧周囲（もしくは　⑥近未来
ソードの　　　　相手）の状況　　カップの
クイーン　　　　カップの　　　　ナイト 逆
　　　　　　　　キング 逆

| 質問者 | でも今度こそ自分を変えたい！この3カ月の仕事運、見ていただけますか？ |

C 下ごしらえ **D**

同じカードが2枚も登場！

3カ月の仕事運ということで、スリーカード（P36）を選びました。展開したところ2枚も同じカードが。しかも⑤**過去**にでた〈カップの4〉が**今の自分カード**として逆位置にでました。これは逆位置になると「考えをまとめて動きだす」という意味になります。占ったことを受けて質問者の気持ちが変わったのかもしれません。また③**近未来**には、先ほど③**質問者の顕在意識（考えていること）**で逆位置ででた〈カップの10〉が正位置になっています。気持ちを変えれば未来が変わるのでしょう。

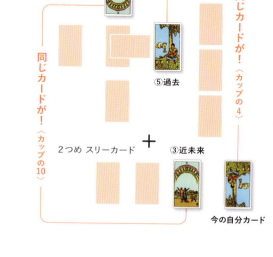

1つめ ケルト十字
③質問者の顕在意識（考えていること）
同じカードが！〈カップの4〉
⑤過去
同じカードが！〈カップの10〉
2つめ スリーカード
③近未来
今の自分カード

E しあげ

スリーカードの結果も踏まえて展望を整理する

①**過去**の〈塔逆〉は大量の仕事を抱えて立ち行かなくなっている今の状況をあらわしており、②**現在**にでている〈ペンタクルの6逆〉は、1つめの「人に頼るべき」という結果を踏まえると、力関係を変える必要があると解釈できそう。先ほどのケルト十字でも暗示されていたように、質問者の自信だけでは今後乗り切れなくなるので、まずは「自分から人に頼むなんて」という思い込みをなくす必要があるでしょう。

①過去
塔 逆

ペンタクルの6 逆
②現在

③未来
カップの10

今の自分カード
カップの4 逆

しあげから導いた答えは？ 穴埋めスプレッド

ケルト十字

● 今の自分カード　　無計画で気まま〈愚者〉

① **質問者の状況**　今、私は
正しい目標や方向性を見失っている〈ワンドの3 逆〉　状況にあります

② **障害となっていること**　この問題における障害は
あちこちから才能を買われている状況〈ペンタクルの9〉　です

③ **質問者の顕在意識（考えていること）**　私はこの問題に対し
過去にこれでうまくいったから大丈夫〈カップの10 逆〉　と考えています

④ **質問者の潜在意識（感じていること）**　私はこの問題に対し
自分はラッキーだからうまくいく〈カップの9〉　と感じています

⑤ **過去**　かつて、この問題は　本当にこれでよいのかと思案する〈カップの4〉　状況でした

⑥ **近未来**　これから、この問題は
ますます不本意で誰にも心を許せない〈カップのナイト 逆〉　状況になります

⑦ **質問者が置かれている立場**　この問題について私は
誰にも助けを求めずひとりで熟考する〈吊るし人〉　状況にあります

⑧ **周囲（もしくは相手）の状況**　この問題について周囲は
ただ労働力をつかわれる〈カップのキング 逆〉　状況にあります

⑨ **質問者の願望**　私はこの問題について本当は
冷静に的確な判断を下したい〈ソードのクイーン〉　と思っています

⑩ **最終予想**　この問題は　情熱で乗り越える〈ワンドのキング〉　状況になります

スリーカード

● 今の自分カード
このままではいけないと思案する〈カップの4 逆〉

① **過去**　かつて、この問題は　なにかが根本から間違っている不均衡な〈塔 逆〉　状況でした

② **現在**　今、この問題は　力関係が崩れている〈ペンタクルの6 逆〉　状況にあります

③ **近未来**　これから、この問題は　安定した経営〈カップの10〉　状況になります

今回のように、1つめのスプレッドにでたカードが2つめでもでることはよくあります。過去や現在にでていたカードが未来にでたり、原因を暗示するカードが再びでることも。何度もでるカードはそれだけ質問者に対し、重要なメッセージを送っているので、ていねいに読むとよいでしょう。

WHAT CAN YOU SEE?

本格鑑定をしたい！

スプレッドでリーディングしてみましょう｜141

リーディングレッスン

CASE.12

" お金が入ってくるか
知りたいです "

スリーカード

ペンタクルの10 ①過去

司祭逆 ②現在

ソードのキング ③近未来

今の自分カード
ペンタクルの9 逆

＋

①過去
ワンドの3

⑦最終予想
カップの8 逆

②現在
女司祭 逆

⑥障害と
なっていること
ソードの10

ホースシュー

③近未来
カップの2

⑤周囲（もしくは相手）
の状況
カップの
ペイジ

④アドバイス
ソードの4 逆

今の自分カード
ペンタクルの
ナイト 逆

Ⓐ 下ごしらえ　Ⓑ しあげ

漠然と金運を占って見えてきた本当の悩み

①過去の〈ペンタクルの10逆〉は家にお金がかかっていそうですし、今の
自分カードの〈ペンタクルの9逆〉も、みえから散財してしまっている暗
示。②現在も〈司祭逆〉でお金のルールが破綻してしまっているよう。こ
こまで見ると金運が気になったのは、今現在、お金の不安があるからで
しょう。③近未来が〈ソードのキング〉ですが、判断に迷うために2つめ
のスプレッドを展開することに。

142

> C 下ごしらえ　D　E しあげ

ソードに注目して原因とアドバイスを見る

原因とアドバイスを探るべく、ホースシュー（P64）にしました。ソードのカードに注目すると⑥**障害となっていること**の〈ソードの10〉は惰性の状況の終わり、④**アドバイス**の〈ソードの4逆〉はそろそろ目覚めてというメッセージに読めます。お金にまつわる甘い考えを捨て、現実を見据えて行動を起こせば、自分が〈ソードのキング〉となり、お金がきちんと入ってくるような未来を手にできそうです。

しあげから導かれた答えは……

スリーカード

- 今の自分カード　みえからお金をつかってしまう〈ペンタクルの9逆〉

① 過去　かつて、この問題は
　　家に関して大きな出費がある〈ペンタクルの10逆〉　状況でした

② 現在　今、この問題は　お金づかいのモラルが破綻している〈司祭逆〉　状況にあります

③ 近未来　これから、この問題は
　　合理的かつシステマチックに管理する〈ソードのキング〉　状況になっていきます

ホースシュー

- 今の自分カード　お金を貯めたいけれどセンスがない〈ペンタクルのナイト逆〉

① 過去　かつて、この問題は　明るい未来を思い描いている〈ワンドの3〉　状況でした

② 現在　今、この問題は　なにをやっても日の目を見ない〈女司祭逆〉　状況にあります

③ 近未来　これから、この問題は　バランスがとれていきそうな〈カップの2〉　状況になります

④ アドバイス　この問題について
　　そろそろモラトリアムを脱すること〈ソードの4逆〉　を心がけるとよいでしょう

⑤ 周囲（もしくは相手）の状況　この問題をとり巻くものは
　　お金について甘やかしてくれる存在がいる〈カップのペイジ〉　状況にあります

⑥ 障害となっていること　この問題の障害となっているのは
　　未来のことがまったく見えていないこと〈ソードの10〉　です

⑦ 最終予想　この問題は　いよいよそのテーマに着手して行動を起こす〈カップの8逆〉　状況になります

WHAT CAN YOU SEE?

> COLUMN
>
> 自分に
> ぴったりの
> カードを
> 選ぶには？

自分にあうカードを選ぶためにまずウエイト版やマルセイユ版など（P30）、カードの種類を決めます。ビギナーにはウエイト版をおすすめしていますが、実はウエイト版をもとにしたものにも、多彩なデザインや種類があります。実際にどんなカードをつかえばよいのか、あうものを見つけだすためのポイントがあります。

どんな絵のタッチが好み？

ウエイト版をアレンジしたカードには、ファンタジーふうのもの、オカルトっぽいもの、モダンなものなど、さまざまなタイプがあります。あなたのイマジネーションを刺激しやすいものを選びましょう。ただし絵柄が好みで購入しても、まったくインスピレーションがわかない……と感じることも。そういうものは観賞用としてコレクションにしては。

ぴったりのカードの大きさは？

タロットカードの大きさには種類があります。スタンダードなウエイト版は約 70㎜×120㎜で、手のひらの3分の2くらいの大きさ。手の小さな人はカットするのが大変かもしれませんね。ポケット版、ミニ版などの名称で販売されている、長辺が100㎜以下のものを選ぶと扱いやすいでしょう。

裏面のデザインも大事！

意外と重要なのがカード裏面のデザインです。シャッフルするときは、裏面を見続けることになるので、眺めていて気持ちがよいことはもちろん、集中状態に引き込んでくれるようなものであることを大切にして。全体が模様になっているもの、中央だけにポイントで絵があしらわれているものなど、好みのデザインのものを選ぶとよいでしょう。

CHAPTER

3

READING
SKILL-UP LESSON

リーディングの
スキルを
高めましょう

1枚のカードの読み解きレベルが
上がればスプレッドも
より深くリーディングできます。
楽しみながら練習していきましょう。

READING SKILL-UP LESSON

リーディングの力を高めるには
1枚のカードから

こまで紹介してきたスプレッドでのリーディングは、枚数が多いため、それだけ読み解きの手がかりが豊富だったともいえます。1枚ずつのカードの意味をきちんと理解していなかったとしても、多いカード、少ないカード、共通点や目立つ部分から、解釈を広げることができるでしょう。

本当に難しいのは、1枚のカードからいろいろな意味を連想する力をきたえること。この力が、スプレッドのリーディングをさらに上達させるのです。

以下の4つでスキルアップを目指しましょう。

① ワンオラクルでトレーニングする
② 小アルカナのスートを理解する
③ 小アルカナの数を理解する
④ 気になるモチーフを見つけやすくする

どれも1枚のカードの絵柄を見ただけで、引き出せる情報量がアップする方法です。

カードの意味を丸暗記していて、キーワードだけで読んでしまい、状況に応じたリーディングができない人もいるはずです。その場合も、こうした練習をして絵柄からわかる要素を盛りこむことで、そのときにでたカードから読み取れることがより深まっていくでしょう。

1枚のカードから引き出せる情報が増えるとリーディングが豊かになります

146

4つの切り口からカードへの理解を深めていきましょう

1つめ、「ワンオラクル」とは、1つの質問に対して1枚のカードを引き、リーディングするというもの。初心者でもなじみやすく、簡単に答えをだすことができる手軽さで人気です。

でも、ちゃんと「読めて」いるでしょうか。あいまいな読みかたになっていないでしょうか。そこで1枚のカードをしっかりと「読む」ことを練習してみましょう（P148）。

2つめ、小アルカナのスート（ワンド・ペンタクル・ソード・カップ）は、「問題の本質」を把握するのにとても便利です。スートの相性のよし悪しを理解することで、どこに問題があるか見えてきやすくなるでしょう（P152）。

3つめ、小アルカナの数を「強さ」で理解すると、その問題がどのくらいの程度なのか、動きがありそうなのかを判断できます。スプレッドになったときもこの知識があるかないかで、リーディングが大きく変わってくるでしょう（P156）。

そして最後、4つめの気になるモチーフの見つけかたはタロット占いの根幹といえます。この力をきたえられれば、どんな枚数のスプレッドでも自由自在にリーディングできるようになるでしょう（P158）。

リーディングのスキルを高めましょう | 147

READING SKILL-UP LESSON

ワンオラクルを
トレーニングに活用しましょう

ワンオラクルは、1つの質問に1枚カードを引くだけなので、とても便利な占いかたです。「手みやげをもっていく？ いかない？」といった日常的なことなど、どんな問いかけにも対応できます。とてもつかいやすい反面、リーディングの結果がいい加減になることも。本来、カードはハッとするような気づきや感動を与えてくれるもの。そのレベルまでワンオラクルの質を上げていきましょう。

楽しく、「あたる！」と感じられるワンオラクルをするには右ページのようなことに気をつけましょう。

また、ワンオラクルには2つのタイプがあります。これを私は「顕在意識引き」「潜在意識引き」と名づけました（P150）。顕在意識とは、「私は本を読んでいる」など、日常で認識できる意識、それに対して潜在意識とは普段は自覚できていない意識のことです。

占うときの質問を具体的にして、「これについて答えがほしい」と自覚してカードを引くのが顕在意識引き、テーマを具体的にせずに引いて、答えを自由に連想するのが潜在意識引きです。この2つの違いを意識することで、カードを読み解くときの姿勢が変わるでしょう。

ワンオラクルは日々実践することがなによりのトレーニング。表現が増えれば、占う際にも、よりシチュエーションにあった言葉がつかえるようになるでしょう。

> ワンオラクルを極めて
> 日常のできごとを
> 柔軟に表現できるように

ワンオラクルをするなら
こんなポイントを意識して

カードを見たらすぐに
ひらめきを言葉にする

カードをめくった瞬間によぎったことがとても大事。思考する前に、頭に浮かんだことをキャッチして言葉にしましょう。時間は3秒以内を目指して。関係ないように思える唐突なイメージも、重要な手がかりかも。先入観に邪魔されない、純粋なインスピレーションから生まれた言葉が重要なのです。

一度引いたカードは
絶対に最後まで読み解く

どんなカードだったとしても、そのときにでたカードには意味があると考えて。自分のなかでなにかしらの結論をだしてみましょう。カードの引き直しはせず、どうしてもイメージがわいてこないときは「このカードを解釈するためのヒントをください」と「引き足す」とよいでしょう。

「考える」と「感じる」の
感覚の違いを知る

〈魔術師〉を見て「このカードの意味は創造だから……」と考えはじめるのは、思考が働いている証拠。「わくわくした表情、なにかはじめようとしているのかも」など、あなたの心が感じたことを言葉にして。「感じる」を育てることを意識的にトレーニングしてみましょう。

カードを引いた結果を
よいか悪いかで考えない

ワンオラクルで占った結果を、吉凶で判断しないことも大切です。「よいか悪いか」ではなく、そのカードがどんなメッセージを発しているのかで考えるようにしてみましょう。そうすれば「吉凶」といった簡単な二択で得られない、ぴったりの答えを導けるようになるでしょう。

リーディングのスキルを高めましょう | 149

あなたはどっちの ワンオラクル? 顕在意識引き&潜在意識引き

　ワンオラクルは、とてもシンプル。ですが実は2つの引きかたがあります。自分がどちらのタイプでカードを引いているか意識してみてください。人によって「顕在意識引きじゃないとカードが読み解けない」「潜在意識引きのほうがイメージが広がる」といった好みや傾向があり、得意なほうをのばしたり、苦手克服の練習をしたりするとよいでしょう。

POINT 1　「顕在意識引き」と「潜在意識引き」の2種類があります

　ワンオラクルに2つのパターンがあることをはじめて知った人もいるかもしれませんね。占う内容を具体的に決めてからカードを引く「顕在意識引き」と、なにも考えずメッセージを受け取るようにカードを引く「潜在意識引き」です。カードを引く前に、自分が今どちらで引こうとしているのか、意識するクセをつけてみてください。得られる答えも変わってくることがわかるでしょう。

POINT 2 「顕在意識引き」は占うテーマを具体的にしてからカードを引く

「今日のプレゼンで成功を収めるためのアドバイスは？」「傘をもっていく？ 置いていく？」「このトップス、赤と黒どちらがよい？」など、具体的に占うテーマや選択肢を決めて占うのが顕在意識引きです。テーマがしぼり込まれるため、カードとつながる部分を見つけだしやすく、具体的な答えやアドバイスを得られます。あいまいにカードを読んでしまいがちな人は、こちらを練習するのがおすすめ。

POINT 3 「潜在意識引き」はなにも考えずパッと引く

具体的なテーマを考えずに、「今の私にアドバイスを」と、パッとカードを引くワンオラクルが「潜在意識引き」です。「明日のプレゼンはどういう作戦で臨めばよい？」と聞くのは顕在意識引きですが、「明日はどんな感じ？」と漠然と引くのは潜在意識引き。それがなにに対する答えなのか、検討する幅が広くなるぶん、発想の柔軟性が求められます。自由にインスピレーションを広げるのが好きな人は、こちらのほうが得意かもしれませんね。

リーディングのスキルを高めましょう | 151

小アルカナの「スート」で問題の本質をつかみましょう

スートの性質を把握すると問題の本質を見極めやすくなります

小アルカナのスート、ワンド・ペンタクル・ソード・カップは、西洋占星術におけるエレメント、火・地・風・水に対応します。火（ワンド）は情熱ややる気、地（ペンタクル）は物やお金、風（ソード）は知性や人とのかかわり、水（カップ）は、感情や情愛的なつながりを重んじる性質をもちます。

1つのスプレッドにどのエレメントが多いかによって、占う問題がどの性質をもっているのかがわかります。恋愛を占う場合も水（カップ）が多ければ愛情、地（ペンタクル）が多ければお金が問題の本質になるでしょう。

またエレメントには相性があります。火と風、地と水には親和性があり、セットででると勢いが強まります。それに対し、火と水、風と地は正反対の価値観になり、なんらかの葛藤が生じていると考えられます。

エレメントの考えかたに慣れるための練習用スプレッドが、P154の「エレメント・スプレッド」です。火・地・風・水の位置に、小アルカナのどのスートがでたかにより、エネルギーがスムーズに通っているエレメント、ねじれが発生しているエレメントを見わけます。

練習として自分で行うのはもちろん、誰かを占うときに事前に行えば、どの価値観を重視している人なのかがわかり、リーディングしやすくなるでしょう。

火 ワンド

「なにかを成しとげたい」という情熱が行動の動機になっています。そのためには未踏の地に赴いたり、誰かと戦ったりすることもいとわない勇気があります。なにかを実現するには情報が必要になるため、風の価値観とは相性がよいですが、地や水とは相容れません。

火が地（灰）を生み
地が火の燃料となる関係

火（太陽）で風が生じ
風で火が燃える関係

地 ペンタクル

「生活を安定させたい」という感覚が行動の動機になっています。お金や物を手に入れること、それを得るためのスキルをみがくことを優先します。安定的に家族が繁栄することを幸せと考えるため水の価値観とは相性がよいですが、火や風とは相容れません。

火が水を消し
水が火を蒸発させる関係

風 ソード

「理解し、伝えたい」という思考が行動の動機になっています。そのため知性や戦略を重視しますが、固定観念に縛られる、思考が過多になるなどの弊害もあります。思考には新しい情報をとりにいく必要があるため火の価値観と相性がよいですが、地や水とは相容れません。

地が風をさえぎり
風が地を拡散する関係

地が水を受けとめ
水が地を潤す関係

水 カップ

「誰かとわかりあいたい」という感情が行動の動機になります。そのため恋愛や人間関係全般、人の心に寄り添うことを重視します。大切な人を守るには物やお金が必要になるため、地の価値観とは相性がよいですが、火や風とは相容れません。

風が水を揺らし
乾いた風が
水で変化する関係

リーディングのスキルを高めましょう | 153

スートとエレメントが
わかりやすくなる！
エレメント・スプレッド

つかうのは小アルカナ56枚（4つのスートのA(エース)からキングまで）です。火・地・風・水の位置にどのカードがでたかをチェックしてみましょう。占えるテーマは、そのときのあなたのコンディション。火（情熱）、地（物質・お金）、風（仕事）、水（情愛）のどれを重視しているのかがわかり、数の大小はそれに対するエネルギーの強さです。占いながらエレメントへの理解が深まるスプレッドです。

LUAの新スプレッド
「エレメント・スプレッド」でレッスン

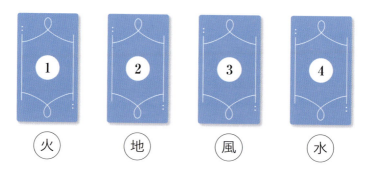

〈火〉に〈ワンド〉のカードなど、対応する組みあわせ通りにでた場合、そのスートのエネルギーがスムーズに通っている証拠。〈火〉の位置に〈カップ〉のカードがでているなど異なっている場合は、ねじれが生じ干渉しあっているととらえて原因を探ってみましょう。逆位置を採用する場合は、なんらかの摩擦が生じ、エネルギーが強まっている、もしくは弱まっていると考えましょう。組みあわせが合致せず、なおかつ逆位置の場合は、ねじれたエネルギーが暴走していると読めます。

CASE 1 今の私のコンディションは？

火 ソードの7

地 カップの2

風 ソードの5

水 ワンドの7

カードのなかで、火・地・風・水のエレメントとカードのスートが合致しているのは〈風〉と〈ソードの5〉。思考にまつわることは滞りなくスムーズであることがわかります。いちばんあわないのが〈水〉のポジションにでた〈ワンドの7〉。P153の図で見ると正反対の関係であることがわかります。感情を表現しようとする際に〈ワンド〉が示す衝動が邪魔をしていると読むことができます。とくに〈ワンドの7〉なので「自分が優位に立ちたい」という思いがあるのかもしれません。

CASE 2 今、私が大事にしているものは？

火 ワンドのA

地 ペンタクルの5 逆

風 ソードのA 逆

水 ソードの2 逆

位置とスートが合致しているのは〈火〉と〈ワンドのA〉。意欲に満ちあふれていることがわかります。〈ペンタクルの5〉は困窮を意味するカードですが、エレメントの〈地〉と合致しており、なおかつ逆位置なので金銭面は苦しいものの光が見えているよう。〈風〉と〈ソードのA〉も合致していますが逆位置、さらに〈水〉にも〈ソードの2逆〉がでており、仕事と恋愛が干渉し「どちらをとる？」とせめぎあう状況にあるようです。

リーディングのスキルを高めましょう | 155

小アルカナの「数」で
問題の動きをつかみましょう

アルカナのスート以外にヒントになるのが数です。数には「勢い」があります。78枚のなかで大アルカナ22枚は別格ですが、小アルカナのなかでもっとも勢いが強いのは各スートのA、次いでコートカード（ペイジ、ナイト、クイーン、キング）、そして残りのヌーメラルカード（2～10）になります。「この問題は今、大きく動いている」「停滞した状況にある」「質問者に変えようという意図があまりない」など、勢いがわかると問題の動きが見えてきます。

数は理解するとつかいやすい指標で、それぞれ固有に意味があります。コートカードは、ペイジを「11」、ナイトを「12」、クイーンを「13」、キングを「14」として考えます。各数の意味は本書付属の「小アルカナ 数 早見表」で確認してください。

スプレッドに同じ数のカードが複数でているなど、数が強調されているときはリーディングするときの軸になります。たとえば「3」が多くでているスプレッドだったら変化や動きが大きいと読めますし、「7」なら葛藤し悩みが多い状態にあるということがわかります。

さらに、この数字の意味にスートの意味をかけあわせてみましょう。ワンドなら情熱、ペンタクルなら物質、ソードなら思考、カップなら感情が、数字の意味のように発揮されていると考えるとわかりやすいでしょう。

数はもっともわかりやすいリーディングのヒントになってくれます

数の意味のとらえかたを
覚えておきましょう

奇数は能動的
偶数は受動的

すべての数は奇数と偶数にわかれます。奇数は加算することで偶数に変化する能動的な数。問題に対して「攻め」の姿勢です。偶数は加算しても偶数のままで安定しており、自分からは動かない「守り」の姿勢です。「0」は数としての意味はありませんが数を何倍にもする力があるため「未知数」の意味になります。

スートのAは
本質的な力を
あらわしている

ワンドには情熱、ペンタクルには物質、ソードには思考、カップには感情という意味がありますが、各スートのAはその本質的な力をあらわします。数が増えるにつれ、力がさまざまな方向に動いていきますが、Aは力がもっともピュアな形で存在しているカードととらえましょう。

4以下は変動しやすい
5以上は確定路線

2～10までのヌーメラルカードには、数固有の意味もありますが、スートのエネルギーの勢いととらえるとわかりやすくなります。「2」ははじまったばかりで変わる可能性が十分にありますが、数が大きくなるにつれ問題が終盤に近づき、結論が確定しつつあると考えるとよいでしょう。

コートカードは
階級で理解する

コートカードは厳密には数ではありませんが、それぞれの階級に意味があります。駆け出しの存在である〈ペイジ〉、信念を行動に移す〈ナイト〉、愛で表現する〈クイーン〉、頂点に立つ〈キング〉と考えます。リーディングではヌーメラルカードに比べて、特定の人物をあらわすことが多いでしょう。

READING SKILL-UP LESSON

気になるモチーフを手がかりにしましょう

絵柄の気になる部分が
そのまま答えを
あらわすこともあります

カードを見たときに、パッと目についたモチーフや、なぜか気になってしまう部分があったら、とっても重要。あなたが無意識に「ここになにか手がかりがある」と感じとったサインだからです。問題解決に通じる糸があると考えてみましょう。

同じカードでも、タイミングやスプレッドによって目につくモチーフが変わることはおかしくありません。たとえば〈愚者〉の場合、手にもっているバラが目にとまるときもあれば、足元の犬が気になるときもあるでしょう。前者なら「純粋な愛情」となりますし、後者なら「危険が近づいている知らせ」と解釈できます。まったく違う意味になりますね。

また「なぜか○○に見える」と感じる日があったり、2枚のカードが対話しているように見える日もあるでしょう。とくに人物のカードは、それぞれの視線の向きも重要な情報です。ほしいものを見ていたり、なにかを見ないようにしていたりと、その人の気持ちをあらわしていることがとても多いようです。

「このカードの意味はこう」と教科書の解説を参考にしているだけでは、こうした自在な読み解きかたはできません。できるだけ、でたカードの絵柄のすみずみまでしっかり見るクセをつけましょう。

ヒントになる
モチーフを見つけましょう

「〇〇に見える」という印象は大切

カードの意味にとらわれず「〇〇に見える」という感覚を大切にしてください。たとえば、〈ワンドの10〉のワンドが束ねた髪に見えたことがあり、そこから仕事に全力で取り組む質問者の姿をイメージしました。このように「〇〇に見える」は重要な手がかりになるので、ていねいに解釈するようにしましょう。

描かれているモチーフの1つに焦点をしぼる

羽がある、水が流れている、同じ色の服を着ているといった、特定のディテールに目がとまるときがありませんか。ほかのカードにも同じモチーフがあれば、なんらかの意味があると考えてよいでしょう。共通するモチーフはいくつもあるはず。そのなかで今回はどれに注目するか、考えてみましょう。

どのモチーフに誰を投影する?

複数の人物や動物が描かれているカードの場合、どのモチーフを誰に投影するかによって引き出せるイメージも変わります。たとえば〈力〉なら、質問者をライオンとするか女性とするかによって、答えは異なるでしょう。絵柄を見て主役や脇役を考えたり、物や動物にも人物を投影したりしてみましょう。

描かれた人物の視線が読み解くヒントに

スプレッド全体を見たとき、描かれた人物の視線が「気になるカード」に注がれていることがよくあります。見つめあっているように見えるカードもあるでしょう。視線にはエネルギーが宿ります。それはカードでも同じ。スプレッドを1枚の絵のように眺めてみると、視線の動きから自然とストーリーが生まれることも。

COLUMN
友だちを占うときに必要なものは？

リーディングをはじめたら、自分だけでなく人のことも占ってみたくなるものです。「すごい、あたった！」など、リアクションをもらえることはとても勉強になるので、上達も早まるでしょう。人を占う際にぜひ用意したいアイテムがいくつかあるので、ご紹介します。

時間をはかるもの

終わりの時間を決めずに占い続けると、ただの愚痴や悩み相談とあまり変わらなくなってしまい、リーディングの結果もあいまいになりがちです。そこで便利なのが、ストップウォッチや砂時計など時間をはかる道具。10分、30分など、あらかじめ制限時間を決めておくことで、時間内で答えをだそうと気合いが入り、集中力も高まりますよ。

タロットクロス

タロットカードをシャッフルするときに、カードがいたんでしまうのを防ぐために用意したいのがテーブルに敷くクロス。それ以上に、タロットクロスは鑑定の「場」をつくるために必要なもの。占う側も「さあ占うぞ」という気持ちになりますし、占われる側も適度な緊張感をもってリーディングに臨んでくれるので、あたりやすくなります。

筆記用具＆ノート

リーディングをきちんと自分の力にしたいなら、占った結果を記録するようにしましょう。カードごとにリーディングをまとめる「タロットノート」をつけたり、スプレッド全体と気になったカード、どのように読み解いて結果をだしたかをメモしておくと、あとから復習もしやすく、次のリーディングにも生きてくるでしょう。

TAROT READING

そばに置いておきたい

タロットの
きほん

そもそもタロットカードって？ という
基本をまとめました。
78枚のカードの正位置と逆位置、
リーディングに役立つキーワード、
カードのつかいかたやQ＆Aなどをお届け。

SUMMARY OF BASIC RULES

タロットカードの基本構成

タロットは、14世紀にゲーム用として生まれたトランプのようなカードを原型にした、プレイングカードです。大アルカナ（Major Arcana）22枚、小アルカナ（Minor Arcana）56枚、合計78枚から構成されています。アルカナとは「隠されたもの」を意味し、カードひとそろいを「デッキ」と呼びます。

まずはカードになにが描かれているのか、全体がどのように構成されているのかを見ていきましょう。

魂の輪廻が描かれた大アルカナ22枚

大アルカナには0〜21までの番号と〈魔術師〉〈正義〉などの名前が描かれています。これは〈愚者〉の精神の旅をあらわしているともいわれます。〈0 愚者〉が旅立ち、いろいろな人物に出会い成長をとげます。そして最後に〈21 世界〉で完成を見たのち、再び〈愚者〉へ戻り、また次の旅がはじまるのです。

MINOR ARGANA

日常的な事象が モチーフの 小アルカナ56枚

ワンド（棍棒）・ペンタクル（金貨）・ソード（剣）・カップ（聖杯）という４つのスートで構成されたカード。
それぞれＡ（エース）と２〜10までのヌーメラルカード（数札）、ペイジ・ナイト・クイーン・キングというコートカード（人物札）の14枚からなります。
４つのスートは万物を構成する４つのエレメント、火・地・風・水に対応します。

Aから10まで　ヌーメラルカード（数札）

ペイジからキングまで　コートカード（人物札）

スートには４つのエレメントがある

ワンド　ペンタクル　ソード　カップ
火　　　地　　　　風　　　水

カードが逆位置ででると ニュアンスが変わる

タロットは天地（上下）が正しくでたとき（正位置）と、さかさまにでたとき（逆位置）で意味を区別します。正位置はカードの意味がストレートにでている状態。逆位置はカードの意味が、強くですぎているか弱まっている、反転しているなど、ねじれた状態を意味します。
解釈が難しく感じたら、最初は逆位置を取り入れなくてもよいでしょう。

正位置

逆位置

MAJOR ARCANA

大アルカナ
―― 個性豊かな22のキャラクター

　大アルカナがあらわしているのは「考えかた」です。例えば〈愚者〉は気ままに歩く姿から「自由」を、〈死〉は屍（しかばね）や戦場、のぼる太陽から「ものごとの終わりとはじまり」をあらわしています。不穏なイメージのカードがでたら不吉ということではありません。生きていると出会う、あらゆるものごとを見つめる、22通りの視点とイメージしましょう。

0 愚者
THE FOOL
KEY WORD ―「自由」―

正　なにがどうなるかわからない
損得勘定のない純粋さ／抽象的／フリーランス／ひらめき／大ざっぱ／自由で縛られない／どうでもいい／ポジティブシンキング／偶然／新しい出会い／軽いノリ／気にしない人

逆　決まっていないがゆえに翻弄される
逃げ腰／現実逃避／無計画／先が見えない／無責任な態度で信頼を失う／人に流される／浮気／アウトロー気取り／飽きっぽい／遊びの恋／その日暮らしの生活／いい加減な人

1 魔術師
THE MAGICIAN
KEY WORD ―「創造力」―

正　みずから行動してはじめる
アイデア／自信をもつ／有利な交渉ごと／賢く立ち回るべき／スタートを切る／恋のはじまり／才能を発揮できる仕事／クリエイティブな仕事／すべての準備が整う／有能な人

逆　いい思いだけしようとする
準備不足／才能がいかせない／その場しのぎ／消極的／思い通りに進まない／お手上げ／根拠のない自信／言いくるめる／迷い／奇をてらう／都合のよい恋人／信用ならない人

大アルカナ • MAJOR ARCANA

2 女司祭 THE HIGH PRIESTESS

KEY WORD ―「精神性」

正 知性と理性で見つめる

繊細な心／理性的な判断／強い憧れ／甘えず自律する／清潔／少女性／ロマンティックさ／白黒はっきりつける／高嶺の花／プラトニックラブ／勤勉／まじめ／ナイーブな人

逆 見たいものだけを見ようとしている

完璧主義／知ったかぶり／潔癖／気に入らない人を排除する／時代遅れ／情緒不安定／偏見／ヒステリック／心に余裕がない／口論／嫉妬する／能力不足／未熟／神経過敏な人

3 女帝 THE EMPRESS

KEY WORD ―「愛」

正 豊かな実りを存分に享受する

母性的／妊娠／利益をだす／快適な職場環境／リラックス／ぜいたく／見返りを求めない愛／成熟する／エレガントさ／才色兼備／女性性／愛し愛される関係／ゆとりのある人

逆 過剰な恵みにうんざりしている

共依存／ふしだら／お金にならない仕事／怠け心／得るものがない／太る／過保護／過干渉／自分の利益しか考えない／他力本願／だらしなさ／肉体関係／浮気／抜け目ない人

4 皇帝 THE EMPEROR

KEY WORD ―「社会」

正 継続的な安定を得る

リーダーシップ／やり手／権力を手にする／信頼を結ぶ／かたい友情で結ばれる／自信／たくましい／父性／経営者タイプ／勝利／男性性／結婚前提の関係／頼もしい人

逆 力によってまにあわせの安定を得る

強がり／ドライすぎる／飽きる／地位を追われる／支持されないリーダー／人の意見を受け入れて／責任逃れ／二番手に甘んじる／視野がせまい／頑固／打算的な恋／偉ぶった人

5 司祭 THE HIEROPHANT

KEY WORD ―「モラル」

正 モラルの元に信頼やきずなを結ぶ

信頼関係／法律／精神的なきずな／倫理観／冠婚葬祭／伝統／マナー／指導者／期待されている／モラルを重んじる／心のよりどころになる恋／祝福される結婚／安心できる人

逆 モラルに反し信頼やきずなを利用する

価値観があわない／不道徳／おいしい話に乗らないで／偽善／ハニートラップ／盲信／信用できない／やりたい放題／秘めた欲望／自分の安売り／好意を利用する／疑い深い人

6 恋人 THE LOVERS

KEY WORD ——「心地よさ」

正 夢見心地で幸福を感じる

パートナーシップ／交渉成立／会話が盛り上がる／カジュアル／純粋な気持ち／邪魔が入らない／気さく／心を許す／恋に落ちる／夢中になれる恋／楽しい仕事／また会いたい人

逆 今さえよければよいと流される

うわついている／誘惑に負ける／享楽的／いい加減な態度／得るものがない行動／奥手すぎる／クセになってやめられない／三角関係／愛のない関係／息があわない／疲れる人

7 戦車 THE CHARIOT

KEY WORD ——「エネルギー」

正 果敢にものごとに挑んでいく

一気に展開する／障害に打ち勝つ／勢いに乗る／意見が通る／ライバルに勝つ／行動的／勇気／移動／旅行／忙しい状況／決戦のとき／猛烈なアプローチ／やる気のある人

逆 自己抑制ができない

気持ちが暴走する／企画倒れ／激しい衝突／苦戦を強いられる／路線変更を／調子に乗る／疲労／ぐずぐずする／悪ノリ／骨折り損／自信がない／ケンカが絶えない／騒々しい人

8 力 STRENGTH

KEY WORD ——「本質的な力」

正 困難を乗り越える

最後まで努力する／敵を味方にする／大器晩成／逆境を味方にする／力加減／後ろ盾を得る／大人の対応／弱さの克服／時間をかけて結ばれる恋／警戒心を解く／やり手の人

逆 耐えかねてものごとを投げだす

達成を目前に諦める／逃げ腰になる／問題に正面から向き合いたくない／あと少しなのにギブアップする／負けを認めない／顔色をうかがう／投げだしたい／成長のない人

9 隠者 THE HERMIT

KEY WORD ——「探求」

正 理想を追い求める

マニアック／学びのとき／現状維持／部下を率いる／専門職／精神的に満足できる仕事／相談相手／過去にヒントが／孤独を楽しむ／胸に秘める恋／年上の相手／自分をもった人

逆 現実から目を背けている

過去の栄光／心を閉ざす／過剰なこだわり／自分に酔う／視野がせまい／世間体を気にする／いじける／妄想の恋／昔の恋にしがみつく／無職／内向的な性格／気難しい人

大アルカナ • MAJOR ARCANA

10 運命の車輪 WHEEL of FORTUNE

KEY WORD ―「宿命」

正 運命の流れに乗って好転する

チャンス／勘が冴える／絶好調／臨機応変に対応する／ソウルメイト／興味を引く／タイムリーなできごと／運命の分岐点が迫る／ひと目ぼれ／結婚する／初対面とは思えない人

逆 運命のいたずらに翻弄される

好機を逃す／空まわり／ツイていない／不向きな仕事／違和感／形成が不利になる／時代遅れ／つまらない／場違い／流れに逆らう／波瀾万丈／短期間の恋／タイミングの悪い人

11 正義 JUSTICE

KEY WORD ―「バランス」

正 感情をはさまない冷静な対応

中立にふるまう／平等／引き分け／好きでも嫌いでもない／裁き／公私を区別／比較する／対等な恋人関係／つり合う相手／正当な報酬／ワーク・ライフ・バランス／冷静な人

逆 感情に左右される不合理な対応

都合よく考える／アンバランスな関係／罪悪感／正しいけれど情に欠ける対応／不正が明るみに／自己弁護に走る／計算高い恋／保険としての恋人／不公平な職場／ズルい人

12 吊るし人 THE HANGED MAN

KEY WORD ―「静止」

正 現状に向き合って静かに考える

手も足もでない状況／ときが解決するのを待つ／許容範囲をこえる／反省中／恋の停滞／つくす恋／孤独な立場／ひたすら耐える／ストイック／非力さを実感する／がんばる人

逆 現状を受け入れられずにもがく

手のかかる人／苦しみを伴う恋／泥沼状態／見返りを求めて働く／抵抗しても状況がかわらない／自分のことしか考えていない／そっとしておくのが賢明／腹をくくれない／自虐的

13 死 DEATH

KEY WORD ―「さだめ」

正 新しいステージに進む

新陳代謝／世代交代／美しい引き際を／起死回生のとき／執着を捨てる／引っ越し／心のリセット／新たな恋のはじまり／別れ／転職や異動／失業／合理的な思考／ドライな人

逆 過去に縛られ先に進めない

くされ縁／しぶとい／同じことを繰り返す／変化に対応できない／過去を断ち切れない／生殺し／うじうじする／往生際が悪い／諦めれない恋／もどかしい片思い／後ろ向きな人

大アルカナ • MAJOR ARCANA

14 節制 TEMPERANCE

KEY WORD ―「反応」

正　新しいものを受け入れる

人と交わる／多くの人の意見を聞く／折衷案／うまくやりくりする／生活習慣の見直し／相性のよい恋人／ディスカッション／異業種交流／理解しあえる関係／気づきをくれる人

逆　異質なものを受け入れない

心を閉ざす／人見知り／会話不足／効果なし／ワンマンな体制／体質にあわない／拒絶反応／すれ違い／一方通行の恋／協調性がない／ひとりで仕事を抱え込む／話にならない人

15 悪魔 THE DEVIL

KEY WORD ―「呪縛」

正　心のなかの悪魔に負ける

甘え／悪い習慣が身につく／強欲／自律できない／非常識／好色／魔が差してすべてを失う／弱みを握られる／浮気／恋愛依存／DV／自分に嘘をつきながら働く／ふしだらな人

逆　心のなかの悪魔と戦う

恐怖に勝つ努力／更生のチャンス／過ちに気づく／堕落した生活をあらためる／くされ縁解消／心を入れかえる／待遇の改善を求める／コンプレックスと向き合う／避けたい人

16 塔 THE TOWER

KEY WORD ―「破壊」

正　突然に見舞われるショック

予想外のトラブル／常識破り／アクシデント／個性的／事故／リニューアル／自暴自棄になる／革命／電撃結婚／大胆な改革／倒産／職場環境がらりと変わる／斜め上を行く人

逆　あとからじわじわとくるショック

変わるべきなのに変われない／一触即発／我慢の限界／九死に一生／老朽化／はりつめた雰囲気／打開策がないまま崩れていく／別れを意識しだす／ボロがでる／理解できない人

17 星 THE STAR

KEY WORD ―「希望」

正　明るい未来につながる

軌道に乗る／プラス思考／ピュア／やる気になる／インスピレーションを得る／期待が芽生える／脈あり／理想の恋人／輝ける仕事／お酒／体調がよくなる／希望にあふれた人

逆　なにも実らず流れてしまう

希望が失望に変わる／むだな努力／目標を失う／むだ話が多い／過去を洗い流して／無気力／理想論／不純／拍子抜けする／先がみえない／理想が高すぎる／悲観する／残念な人

大アルカナ • MAJOR ARCANA

18 月 THE MOON

KEY WORD ―「神秘」―

正 幻想を通して現実を見る

不透明／誤解を招く／腹の探り合い／素の自分を隠している／見つからない／イリュージョン／アンニュイ／心酔する／偽りの愛／移ろいやすい心／ずさんな仕事／謎めいた人

逆 少しずつ現実が見えてくる

幻滅／我に返る／霧が晴れてくる／病気が治る／現実を見るとき／思い込みからの解放／見通しが立つ／心を確かめる／偽りに気づく／隠したい関係がばれる／なんとなくわかる人

19 太陽 THE SUN

KEY WORD ―「喜び」―

正 努力の成果を得る

成功を収める／日の目を見る／出世／自分らしさを発揮／健康／子ども／隠しごとがない関係／充実した毎日／活性化／健全な恋愛／公認カップル／素直な態度／元気で明るい人

逆 日の目を見られない

悪目立ち／成功の実感がわかない／見返りが少ない／心から笑えない／自分をだせない／体力不足／遠慮しすぎ／損得勘定で動く／えこひいきする／素直に喜べない恋／惜しい人

20 審判 JUDGEMENT

KEY WORD ―「解放」―

正 瞬時にチャンスをつかむ

決着をつける／思いだす／回復／重荷から解放される／ターニングポイント／運命を確信する恋／告白／再挑戦／長い間あたためてきた計画を実行するとき／この人と思える人

逆 先送りでそのまま凍結

チャンスを逃す／幸せになることへの恐怖／決断を先送りに／過去に縛られる／手遅れ／見つからない／嫌なことをあと回し／くさる／心残り／実らぬ恋／準備不足／思いだせない人

21 世界 THE WORLD

KEY WORD ―「完成」―

正 目標を成しとげて満足する

達成感を味わう／さらに上を目指したくなる／長いつきあい／自己肯定感／勝利する／結果にかかわらず満足する／ハッピーエンド／両思い／幸せな結婚／天職／印象に残る人

逆 不満足な結果で撤退する

マンネリ／慢心／ツメが甘い／不完全燃焼／未完成の仕事／これ以上進展がない／途中で投げだし後悔する／集中力が切れる／自己陶酔／恋人のありがたみを忘れる／普通の人

MINOR ARCANA
WAND

小アルカナ　ワンド
—— 強い情熱や意志をあらわす

　火をともして松明にしたり、武器にしたりと、人が生活していく場を切りひらくために欠かせないのがワンド（棍棒）です。暗闇や未開の地に挑み、人類の可能性を広げるための道具でもあります。そのため火のエレメントに対応し、生命力や情熱、闘争心をあらわします。

ワンドのA　ACE of WANDS

KEY WORD ——「生命力」

正　新たな挑戦がはじまる

誕生／ひらめき／情熱／ポジティブ／はじめる／パワフルに活動する／直感に従って／出会い／旅／勢い／新しい恋／夢中／妊娠と出産／やる気に満ちる／意欲的な人／新しい挑戦

逆　1つの挑戦が終わる

先細りの状況／白紙になる／延期／惰性で続けないで／足をひっぱられる／清算する／士気が下がる／退職／倒産／関係を解消する／身を引く／気力の衰え／覇気のない人

ワンドの2　TWO of WANDS

KEY WORD ——「到達」

正　目標に到達して自信にあふれている

自信満々／ステップアップ／見切りをつけて／新たな野望が芽生える／意識を高くもつ／意中の人を手に入れる／ゴールはすぐそこ／実績を認められる／自信のある人／胸を張る

逆　達成したものを失いそうになっている

焦り／支配欲／見下す／足並みがそろわない／予期せぬハプニング／ずさんな計画／自己管理が甘い／代案を用意しておくべき／うまくいかない関係／自分の都合を優先する人

ワンドの3 — THREE of WANDS

KEY WORD ―「模索」

正 挑戦の機会をうかがう

うれしい知らせ／新たな縁／ビジネスチャンス／事業拡大／念願のものが手に入る／大きく発展する／旅の準備を整える／結婚につながる恋／脈あり／わかってくれる人／期待感

逆 期待が肩透かしのまま終わる

タイミングを逃す／利益が減る／先細りの関係／思い通りに進まない／期待ばかりで行動が伴わない／出遅れる／延期になる／片思いで終わる恋／返事がない／肩透かしな人

ワンドの4 — FOUR of WANDS

KEY WORD ―「歓喜」

正 心からの喜びを得る

肩の荷が下りる／ひと区切り／ウキウキする／長期休暇／家族団らん／人の幸せを祝福する／イベントへの参加／リラックス／恋の芽生え／結婚式／ホッとできる人／自分らしく

逆 現状に喜びを探す

現状に甘んじる／ハングリー精神を失う／手抜き仕事／公私のけじめをつけられない／ありがたみを忘れる／期待されているという慢心／停滞感／痴話ゲンカ／自分をごまかす人

ワンドの5 — FIVE of WANDS

KEY WORD ―「勝ち取る」

正 切磋琢磨しながら奮闘する

本音でぶつかりあう／ケンカで仲よくなる／決着がつく／コンペへの参加／有益なディベート／競合する／騒々しい／恋のライバルと戦う／略奪愛／はっきりした人／自己主張する

逆 相手を打ち負かす

やりたい放題／その場しのぎの打開策／こう着状態に陥る／仲間割れ／勝つために手段を選ばない／往生際が悪い／ドロドロしたケンカ／暴力的なパートナー／いじけグセのある人

ワンドの6 — SIX of WANDS

KEY WORD ―「称賛」

正 ほめたたえられ、自分を誇らしく思う

活躍が認められる／昇進／誰かに自慢したい気分／新メンバーが加入／自信をもってとり組む／称賛を素直に受けとめる／誇り／告白が成功する／チームの勝利／人気のある人

逆 理不尽な結果に不満を抱いている

違和感が残る勝利／形だけの昇進／やっかみを受ける／人がついてこない／自意識過剰／優越感にひたって失敗／好かれているという思い込み／恋の熱が冷める／場違いな人

ワンドの7 — SEVEN of WANDS

KEY WORD —「奮闘」

正 有利な立場から勝ち取る

相手をリードする／強力なスポンサー／気持ちで負けない／潤沢な資金を得る／勝算のあるチャレンジ／YESかNOかはっきりさせる／猛烈にプッシュする／玉砕覚悟／強気な人

逆 不利な状況で苦戦を強いられる

負け戦／妨害にあう／マウントをとられる／戦意喪失／本心とは異なる言動／弱気／おじけづいて敗北／葛藤し全力をだせない／恋のライバル／覚悟を決められず失恋／弱腰の人

ワンドの8 — EIGHT of WANDS

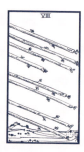

KEY WORD —「急展開」

正 めまぐるしい速度で進みだす

とんとん拍子／すべてがスムーズに進む／オファー／株や投資で成功／ツキを信じて進む／追い風を感じる／あわただしい／熱心に口説く／思わぬ恋のはじまり／追い風に乗る人

逆 思わぬところでいきづまる

望まぬ心変わり／不満を感じる状況が続く／袋小路に陥る／急な予定変更／計画の頓挫／ドタキャンされる／情熱を失う／束縛される／嫉妬／はやとちりでケンカ／厚かましい人

ワンドの9 — NINE of WANDS

KEY WORD —「そなえる」

正 臨機応変に準備する

経験値の高い人／意中の人を前に緊張／ライバルを警戒する／そなえあれば憂いなし／迎撃体制／あらゆる事態を想定して動く／入念な下準備を／経験が糧となる／プレッシャー

逆 慢心して痛手を負う

準備不足／根拠のない自信／ハプニング／想定外のハプニング／過去の経験から学んでいない／他人をあてにしない／相手も自分を好きという思い込み／空気を読めない人

ワンドの10 — TEN of WANDS

KEY WORD —「重圧」

正 自分が選んだ重荷で手いっぱいに

オーバーワーク／苦労人／悪戦苦闘する／気が重い／期待すらプレッシャーに／介護／子育て／ふんばる／嫌われないよう無理をする／義務感で続ける恋愛／ひとりで抱え込む人

逆 強いられているものを手放す

自分は悪くないと開きなおる／責任を押しつけあう／とばっちり／途中棄権／自分に甘い／失敗続きで挫折する／恋人を捨てて逃げだす／別れ／糾弾される／八つ当たりする人

小アルカナ • MINOR ARCANA

ワンドのペイジ PAGE of WANDS

KEY WORD ―「伝令」

正 未来を確信して熱意を燃やす

まわりが見えなくなるほど熱中する／チャンス到来／スキルを習得する／海外事業／会話を心から楽しむ／精力的／連絡がくる／単純／楽しい恋愛／年下との恋／ピュアな人

逆 いい気になってうそぶく

一方的な気持ちの押しつけ／ひとりで熱くなる／心がさだまらない／ただ反発したいだけの行動／青くさい言動／虚栄心／目立ちたがりな人物／隠しごとがばれる／虚勢をはる人

ワンドのナイト KNIGHT of WANDS

KEY WORD ―「出発」

正 新天地に向かって旅立つ

意欲的／不思議なめぐりあわせ／わくわくする／転勤や異動／影響力のある人との出会い／心機一転／スタート／考えるより動く／情熱的なアプローチ／肉食系／命知らずな人

逆 心が変化に追いつかない

トラブルの予感／ケンカ腰／後手にまわる／間にあわない／大げさな言動／トラブルメーカー／あわてて失敗／自分を見失う／興奮しすぎ／ケンカの多いカップル／あわない人

ワンドのクイーン QUEEN of WANDS

KEY WORD ―「魅力」

正 まわりの誰もが引き寄せられる

ありのままの自分でいられる／やりがいを見いだす／甘えたくない気分／引き立てられる／姉御肌／人の気持ちに寄り添う／燃え上がるような恋／セクシー／貞操／魅力で光る人

逆 マイペースさが誤解を生む

浮気／責任転嫁／身勝手なふるまい／我が強い／注目されず不満／口うるさい／お節介／魅力不足／いばり散らす／依存しあう関係／強いジェラシー／ひがみっぽい人

ワンドのキング KING of WANDS

KEY WORD ―「剛胆」

正 信念でことを成しとげる

リーダーシップ／自分を支える柱ができる／ぶれない言動が求められる／メンター／新規開拓／独立／心から楽しいと思える恋愛／見かけによらずシャイ／しっかりした人

逆 強引にものごとをコントロールする

リスクを度外視した決定／気づかいに欠ける態度／クレーマー／立場や権力をふりかざす／はれもの扱い／ケチ／短気／無理のある関係／一夜限りの恋／暴力／前のめりの人

MINOR ARCANA
PENTACLE

小アルカナ　ペンタクル
— 富や豊かさをあらわす

　ペンタクル（金貨）は、もっているとさまざまな資源と交換することができる、豊かさの象徴です。地のエレメントに対応し、お金や物質などのあらゆる所有物、そして社会的地位をあらわします。着実に手を動かして、なにかを作り上げることも意味しています。

ペンタクルのA　ACE of PENTACLES

KEY WORD —「実力」

正　力を発揮して豊かさを手に入れる
計画を実行する／臨時収入／安定した仕事につく／有能な人／アイデアを形に／建設的／思いをとげる／着実に育まれる愛／満たされた結婚／子宝／マイホーム／品のある人

逆　利益を優先してしまい努力が水の泡に
手応えなし／金銭的な不安／将来のビジョンがない／拝金主義／下世話／才能やお金のむだづかい／支払い／勢いでスタートした恋愛／失業／地位や肩書きを捨てる／俗物的な人

ペンタクルの2　TWO of PENTACLES

KEY WORD —「柔軟性」

正　状況を把握して正しい行動を起こす
両立させる／気楽さ／サービス業／フリーランス／雑念なく集中している／遊び／ゲーム／臨機応変／タレント業／エキサイティングな恋／変化に富んだふたり／人を楽しませる人

逆　状況に対応できず四苦八苦している
抱え込む／飽き／雑な対応／手がまわらない／仕事が続かない／なにが起こるかわからない恋／いい加減な交際／笑いのツボがずれている／条件にあわない相手／うさんくさい人

ペンタクルの3 THREE of PENTACLES

KEY WORD —「技術力」

正 培ってきた力が評価される

抜擢される／計画的な進行／評価される／昇格／完璧主義／こだわり／一流の仲間入り／資格／まじめな交際／戦略的なアプローチを／結婚前提のおつきあい／実力のある人

逆 もっている力が評価されない

まだそのタイミングではない／ケアレスミス／不満が募る／不勉強／芽がでない／諦め／的はずれ／立場をわきまえない／うだつが上がらない人／意思疎通に難あり／足りない人

ペンタクルの4 FOUR of PENTACLES

KEY WORD —「所有欲」

正 手堅い利益を優先する

利益に執着／奪われることへの恐怖／大切なものを守りたい／将来にそなえる／所有欲／大物とのコネクションを獲得／安定した生活が望める恋／玉の輿／同棲／実権を握る人

逆 強欲になり自分を見失う

支配欲求／他人を利用する／だし惜しみ／裏目にでる／足をひっぱりあう／嫌われ者／お金にものをいわせる／損失／自由を奪う恋／選り好みする／邪魔が入る／ガツガツした人

ペンタクルの5 FIVE of PENTACLES

KEY WORD —「困難」

正 困難な状況で精神的に荒廃する

間が悪い／どうせダメだという態度／貧乏くじ／面倒な仕事／解雇／門前払い／傷をなめあう関係／頼みの綱が切れる／妥協する恋／冷たい反応／金銭的な悩み／金銭的に貧しい人

逆 救いによって希望を取り戻す

つかの間の喜び／別れの前の仲直り／希望を取り戻す／素直に助けを求める／助け船／窮地を脱する／メンターとの出会い／助けあい／ようやく気持ちが通じる／助けてくれる人

ペンタクルの6 SIX of PENTACLES

KEY WORD —「関係性」

正 善意を差しだす人と受け取る人の関係

豊かさを分かちあう／見返りを求めない奉仕／マネジメント業務／ボーナス／もちつもたれつの関係／仲介役／つくす喜び／プレゼント作戦／思いが受け入れられる／親切な人

逆 支配する人とされる人の関係

対等ではない関係／感謝されたい／努力が徒労に終わる／ブラック企業／もので釣る／偽善者／えこひいき／マウントをとる／見返りを求める愛／仮面夫婦／恩を着せる人

小アルカナ • MINOR ARCANA

ペンタクルの7 — SEVEN of PENTACLES

KEY WORD ―「成長」

正 問題を改善して次のステップへ

理想と現実のギャップを感じる／将来を考える／状況を把握する／見積もり／査定／報酬を得る／よりよい道を検討する／過労／休んで作戦を立て直す／ベストをつくす人

逆 不安を抱えながら漠然と過ごす

徐々に衰退／ビジョンがない／やっつけ仕事／自己評価だけ高い／意識が低い／焦り／ツケを踏み倒す／がっかり／どうでもよい恋／お互いが「キープ」の関係／不平の多い人

ペンタクルの8 — EIGHT of PENTACLES

KEY WORD ―「修行」

正 目の前のことに集中して取り組む

自分みがき／集中すべき／全力投球／無心／よき師と出会う／コツコツ努力する／予習復習／こだわりを守る／全身全霊でぶつかる恋／まめな連絡／要領は悪いが信用できる人

逆 目の前のことに集中できない

邪魔が入る／雑念が多い／才能や技術をだし惜しみする／手抜き／締め切りを過ぎる／人のまね／悪習慣／しつこすぎる／恋人のいる人を好きになる／ストーカー／虫のよい人

ペンタクルの9 — NINE of PENTACLES

KEY WORD ―「達成」

正 引き立てられて成功する

ステイタスになる関係／思いがけない援助／ワンランク上の世界へ進む／融資／スポンサー／出世コースに乗る／人望／思いが実る／求愛される／玉の輿／おめがねにかなう人

逆 嘘や偽りで成功をねらう

悪い噂が広がる／人に取り入る／愛想をつかされ失脚／図々しい／もうけ主義／ズルや不正／化けの皮がはがれる／お金や体が目当ての関係／不倫／愛人関係／虚栄心の高い人

ペンタクルの10 — TEN of PENTACLES

KEY WORD ―「継承」

正 受け継いだもので繁栄し安定する

伝統や文化を大切にする／大役に抜擢／一致団結する／大企業や官公庁／一族の繁栄／庶民的な幸せ／同棲や結婚生活をはじめる／家族ぐるみのつきあい／生活力／安定した人

逆 受け継がれたものが限界を迎える

重荷を背負わされる／家柄にこだわる／身内びいき／相続争い／金策に失敗／分別のない人／親離れできないパートナー／家族の問題が恋にも影響／取り分や引き継ぎで揉める

小アルカナ • MINOR ARCANA

ペンタクルのペイジ
PAGE of PENTACLES

KEY WORD ―「真摯」

正 時間をかけて積み重ねる

スキルアップ／求人に応募する／旺盛な探究心／本気で学びたいと思えること／希望の進路に進む／見習い／ていねいに進める恋／会う回数を重ねる／がんばりどき／几帳面な人

逆 時間ばかりを費やしている

現実が見えない／報酬に目がくらむ／理想ばかりで実が伴わない／楽に流れる／諦める／経験不足／口先だけ／恋だと勘違いしている／子どもっぽい相手／ステレオタイプの人

ペンタクルのナイト
KNIGHT of PENTACLES

KEY WORD ―「現実性」

正 最後までやりとげる

努力が実る／慎重／信頼されている／責任感／資格を得る／まじめに働く／スピードより質を重視／自立する／長いつきあい／うぶなカップル／的をしぼるべき／ひたむきな人

逆 現状維持に終わる

ノロノロ進行／安心してまかせられない／割にあわない仕事／ワンパターン／形骸化／中途半端な努力／楽をしたがる／奥手で前に進まない関係／頼りない相手／要領の悪い人

ペンタクルのクイーン
QUEEN of PENTACLES

KEY WORD ―「寛容」

正 育てることでみずからも成長する

良妻賢母／結婚につながる関係／部下を育てる／誰かのために心を砕く／困ったときに助けあえる仲間／ハイブランド／インナーチャイルド／安らぐ恋／受けとめてくれる人

逆 甘やかしで互いにダメになる

都合のよい相手／築き上げた関係がゼロに／手がまわらなくなる／むだの多い職場／忙しそうに見せる人／みえっぱり／貧乏性／思いが届かない／報われない恋／見せかけの人

ペンタクルのキング
KING of PENTACLES

KEY WORD ―「貢献」

正 自分の力を役立てようとする

包容力／金運上昇／ビジネスセンス／組織や世のなかに貢献する／相手の力になる／メリットのある関係／必要とされている／末永いつきあい／裕福な相手／豊かさのある人

逆 自分の力を生かしきれていない

世間知らず／もどかしさ／尻込み／経験をいかせない／応用がきかずつかえない／諦めも大事／惰性で続く関係／会話が弾まない相手／もっと頼られたい／おもしろみに欠ける人

MINOR ARCANA
SWORD

小アルカナ　ソード
—— 思考や人間関係をあらわす

　金属を加工したソード（剣）は、人間の知恵や技術から生まれた道具。そのため風のエレメントに対応し、知性や言葉をあらわします。一方で、ソードは人を傷つけるものでもあります。知性、つまり言葉もつかいようによっては人を傷つけることを示しています。

ソードのA　ACE of SWORDS　KEY WORD —「開拓」

正 切りひらいて成しとげる

ロジカルな思考／心を新たに／客観性／困難を乗り越え結ばれる／クールな恋愛／心は決まっている／勝負にでる／機転でピンチを切り抜ける／不正を暴く／頭脳明晰な人

逆 強引さで破滅を招く

粗野で暴力的／職権濫用／悪だくみをする／無理を通す／破壊的な衝動／加害者になる／手段を選ばない強引さ／相手の気持ちを無視した関係／気を引こうとして失敗／勝手な人

ソードの2　TWO of SWORDS　KEY WORD —「葛藤」

正 穏やかな心で調和を保つ

バランス感覚／問題が解決に向かう／不安が消える／平和な職場／相手の出方を待つ／ほかの人の価値観を受け入れる／恋心の芽生え／年下との交際／知的な会話／穏やかな人

逆 その場しのぎでいきづまる

裏切り／大人ぶる／結婚詐欺／自分の感情から目をそらす／抑圧／口が達者／人を遠ざける／嘘をつかれている／気のないふりをして嫌われる／幼稚な愛情表現／矛盾した人

ソードの3 — THREE of SWORDS

KEY WORD ―「痛み」

正　ものごとの核心を受け入れる
ショッキングなできごと／失敗／機械的な作業／言葉がきつい／現実を見るべき／成長のとき／トラウマ／破局／浮気や三角関係が発覚／痛みが糧になる／心の痛みがわかる人

逆　真実を拒絶してもがき苦しむ
「裏切られた」という感情／劣悪な職場／仕事として割り切れない／心の整理がつかない／拒絶反応／自分を責める／失恋をおそれる／終わりを受け入れられない／妬ましげな人

ソードの4 — FOUR of SWORDS

KEY WORD ―「回復」

正　静かに休んで態勢を整える
ひとりの時間／仕切りなおす／一時保留／休暇／問題から離れる／思い出を懐かしむ／マッサージなどの癒し／墓参り／調停中／今は距離を置くべき／助言を与えてくれる人

逆　準備が整い再び動きだす
回復／休暇明け／職場復帰／保留案件が動く／新体制に切りかわる／新しい関係がスタート／本当に好きな人に気づく／相手のパーソナルエリアに踏み込む／気づきをもたらす人

ソードの5 — FIVE of SWORDS

KEY WORD ―「混乱」

正　手段を選ばず強奪する
なりふりかまわない／外道な作戦／派閥争い／悪だくみ／油断ならない関係／人を踏み台にする／反則勝ち／泥棒／横恋慕／恋人を横どりする／パートナーを雑に扱う／狡猾な人

逆　大切なものを奪われる
負け戦／敗北感／罠にはまる／手柄を横どりされる／パワハラやいやがらせ／弱い者いじめ／不用心／泣き寝入り／恋人を寝取られる／だまされていたことに気づく／姑息な人

ソードの6 — SIX of SWORDS

KEY WORD ―「途上」

正　困難な状況から脱出する
トラブルから遠ざかる／ものごとが軌道に乗る／新規プラン／出張や転勤／移転／逃げるが勝ち／帰省／迎えがくる／新しい恋に進む／駆け落ち／助け舟がくる／目標に向かう人

逆　かつての苦境に逆戻りする
すべてを投げだしたいという思い／計画の見直しが必要／とばっちり／逃げきれない／覚悟を決めて戦うべき／愛憎劇／ドロドロした関係／八方塞がり／強い後悔／腰が引けた人

ソードの7 — SEVEN of SWORDS

KEY WORD ―「裏切り」

正 コソコソと裏で画策する

水面下で悪だくみが進行中／不正がまかり通る／自覚のある悪事／おいしいところを横どりされる／スパイ行為／夜逃げ／でき心／浮気や不倫／秘密を探られる／秘密主義の人

逆 危険を察し万全にそなえる

期待以上の相手／トラブルを未然に防ぐ／アドバイスに従うと吉／悩み相談／素直に謝る／情報収集が役立つ／心のつかえがとれる／思っていたよりすてきな恋／助けてくれる人

ソードの8 — EIGHT of SWORDS

KEY WORD ―「忍耐」

正 苦しい状況で助けを待っている

悲劇や妄想に酔う／相手のせいにする／束縛しあう関係／きゅうくつな環境／過干渉／規則の多い職場／管理が厳しすぎる／監視／せまい場所／誹謗中傷／被害者意識の高い人

逆 助けのない状況で暴れている

不本意な状況／不満が爆発しそう／相手を傷つける発言／焦りばかりが募る／自分を正当化している／人目を気にしすぎている／意地でも別れない／傷つけあう関係／懲りない人

ソードの9 — NINE of SWORDS

KEY WORD ―「苦悶」

正 取り返しがつかずに絶望する

激しい後悔／悲しみで眠れない／緊張している／過去の失敗を反すうする／自己否定／視野がせまく盲目的／ノイローゼぎみ／破局が近づいている／失いたくない相手／傷心の人

逆 悪い状況に向き合おうとしない

誰かが邪魔をしているという妄想／自分を憐れんでいる／非を認めない／逆恨みで暴走／デマに踊らされる／自分を守るために人を攻撃する／問題を見てみぬふり／疑いやすい人

ソードの10 — TEN of SWORDS

KEY WORD ―「岐路」

正 すべて受け入れて前進する

最悪の状態を脱する／心の霧が晴れつつある／短所を受け入れる／本気が試されている／一から出直すチャンス／精神的な成長／恋を通じて悟る／衝突しても仲直りできる人

逆 都合のよいことだけを見ている

運が悪いと逃げる／都合よく現実を見ている／同じミスを繰り返す／場当たり的な対応／社交辞令／恨み節をいう／根本的な解決になっていない／悲恋に酔う／体裁を気にする人

PAGE of SWORDS ソードのペイジ

KEY WORD ―「警戒」

正 状況を見極め慎重になっている

交渉／割り切って仕事をする／相手の弱さを知る／緊張感のあるムード／神経過敏／恋の駆け引きを楽しむ／お互いを知ろうとする段階／秘密の恋／嵐の前の静けさ／用心深い人

逆 いまひとつ脇が甘い

ケアレスミス／油断が命取り／失言／信用されていない／ドライでムードに欠ける／隠しごとのにおいがする相手／公にできない恋／穴のある計画／裏工作がばれる／懐疑的な人

KNIGHT of SWORDS ソードのナイト

KEY WORD ―「果敢」

正 理路整然と決断して進む

スピード勝負／効率重視／エリート／先見の明がある人／ディベート／すばやい判断が求められる／分析力／冷静に対応する／神出鬼没／恋人をリードする／頭の切れる人

逆 不毛な争いを招く

不毛な努力をしている／焦りがミスにつながる／器が小さい／一方的な主張／好戦的すぎる／ナルシスト／はやとちりで失敗／盲目的な愛／デリカシーのない相手／言い訳の多い人

QUEEN of SWORDS ソードのクイーン

KEY WORD ―「的確さ」

正 正しい言動で一目置かれる

現実を正しく見つめている／コストカット／いいにくいこともいえる関係／意思表明／とっつきにくい雰囲気／知的な魅力がアップ／離婚／まわりに流されない人／迷いがない

逆 自己防衛のための武装

ヒステリック／過剰防衛／人を傷つけるだけの批判／かわいげがない／ほめない上司／自他に厳しすぎる／辛らつ／冷めた関係／鼻にかけた態度／浮気を疑う／思いやりのない人

KING of SWORDS ソードのキング

KEY WORD ―「厳格さ」

正 客観的な分析で判断する

決断のとき／やり手のビジネスマン／よき相談相手／ポーカーフェイス／打開策が見つかる／厳しいけれどためになる言葉／フェアな関係を築く／共働き／クールで落ち着いた人

逆 独裁的に威厳を守る

偏見／情に欠けたふるまい／自意識過剰が招くトラブル／思いやりが足りない／勝手な決めつけ／身勝手な恋人／愛のない関係／人の手柄を横どりする／エゴイスティックな人

MINOR ARCANA
CUP

小アルカナ　カップ
—— 感情や心のつながりをあらわす

　カップ（聖杯）は、液体を入れる器であり、人とくみかわすことで生まれる心の通いあいをあらわします。同時に、儀式で用いられる聖なるアイテムでもあります。エレメントは水に対応します。器にあわせて自在に形を変える水は、人の心の象徴です。

カップのA　ACE of CUPS

KEY WORD ——「愛する力」

正　愛と希望にあふれる

心のつながりを得る／願いが叶う／新たな恋の予感／愛されている実感／夢中になれる相手／人脈をいかす／アットホームな職場／財源／部下や上司に恵まれる／好感をもてる人

逆　喪失感で空っぽになる

愛が冷める／自分事で精いっぱい／心に穴が開く／白紙に戻る／やりがいのない仕事／放心状態／ありがた迷惑／片思いで終わる恋／幸せなのに満たされない／かかわりたくない人

カップの2　TWO of CUPS

KEY WORD ——「相互理解」

正　よい信頼関係を築く

愛の芽生え／相思相愛／入籍／ビジョンを共有する／交渉成立／契約を結ぶ／仲直り／腹を割って話す／同性同士の友情／性別をこえたきずな／助けあい／許し／信頼の置ける人

逆　心がかたく閉ざされる

打算からの恋／意見があわない／不満の残る決定／心を閉ざす／どうしても許せない／連絡のすれ違い／破談する／うわべだけの愛情／セックスレス／偽装結婚／気に入らない人

小アルカナ • MINOR ARCANA

カップの3 THREE of CUPS

KEY WORD ——「共感」

正 仲間とともに喜び祝う

チームワーク／プロジェクトの成功／お祝いムード／打ち上げ／喜びを分かちあう／談笑／胸のつかえがとれる／グループ交際／晴れ晴れとした関係／気分が明るくなる人

逆 怠惰な楽しみにひたる

ぬか喜びする／癒着／結論のでない会議／やり直し／遊び人／はめをはずして後悔／不摂生／仲よしのふり／熱しやすく冷めやすい恋／後ろ暗い関係／婚約破棄／中身がない人

カップの4 FOUR of CUPS

KEY WORD ——「倦怠」

正 不満を抱えて悶々とする

微妙な結果／不満のある環境に甘んじる／マイナス思考／自分にいいわけをする／現状維持／退屈で耐えられない／考え中／今の関係に納得していない／倦怠期／文句が多い人

逆 不満への打開策を見いだす

別々の道に進む／異動や転勤を願いでる／辞職／新規案件に着手／次のステージへ進む／ひらめきに従う／新しい恋に向かって動きだす／ためらいが消える／アイデアをくれる人

カップの5 FIVE of CUPS

KEY WORD ——「喪失」

正 失った悲しみで後悔に暮れる

悲しみでなにも考えられない／大きな損失／とばっちり／時間を戻したいと願う／自己嫌悪／未練／情緒不安定／失恋／別れたあとで大切さに気づく／目先の不運しか見ない人

逆 新たな局面に向け再起する

新しくやり直す／再起復活／モチベーションを高める／市場調査／組織や企画を立て直す／覚悟を決める／奮起する／失恋を乗り越える／過去と決別する／可能性を見いだせる人

カップの6 SIX of CUPS

KEY WORD ——「心の浄化」

正 懐かしさが胸を満たす

原点回帰／感傷的になる／童心に帰る／同窓会／幼少の記憶／ふるさと／初恋／甘酸っぱい恋模様／相手につくす／元恋人／元同僚／昔の職場／過去の経験がヒントに／純朴な人

逆 過去の記憶を引きずる

過去の栄光にすがる／センチメンタル／傷のなめあい／思い出を美化する／過去を手放し前を向くとき／新たな出会いに気づかない／昔の恋人が忘れられない／依存心の強い人

183

カップの7 SEVEN of CUPS

KEY WORD ―「夢」

正 夢に酔いしれて迷う

妄想にとりつかれている／手を広げすぎて失敗／机上の空論／聞こえのよいセリフ／葛藤／ドラマティックな恋／移り気／うわっつらしか見えていない／ウケねらいの人／ほろ酔い

逆 夢の実現のため決断する

冷静になる／実現性の高い計画／選択肢をしぼる／とりかかる／迷いを断ち切る／優先順位を決めて／妄想じみた恋愛観から目覚める／相手の本性がわかる／心を決めた人

カップの8 EIGHT of CUPS

KEY WORD ―「変転」

正 終わりを悟り次に旅立つ

ピークを過ぎた状態／損切り／左遷／断念する／連絡が途絶える／疎遠になる／旅にでる／引退する／別れを決意する／片思いを諦める／未練を断ち切る／方向性が異なる人

逆 同じテーマに再挑戦する

一度は諦めたことに再挑戦する／ダメ元で交渉する／リサイクル／新たな価値を発見／過去のできごとに学びを見いだす／立ち返る人／相手にほれなおす／別れを引きとめられる

カップの9 NINE of CUPS

KEY WORD ―「願望」

正 念願が叶い心が満たされる

満足のいく利益や報酬を得る／望んだ環境を手に入れる／誇り高い／素直に喜ぶ／腹八分目／足るを知る／長年の恋が実を結ぶ／充実した恋愛／気持ちに余裕のある豊かな人

逆 欲望に支配され判断を誤る

自画自賛／欲で目がくらむ／調子に乗っている／底の見えない欲望／上から目線／ぜいたくに溺れる／負債や借金をつくる／体だけの関係／ゆがんだ愛情／うんざりさせる人

カップの10 TEN of CUPS

KEY WORD ―「幸福」

正 平穏な日々に幸せを感じる

幸せをかみしめる／確かなポジションを得る／精神的に充実する／まわりの人も愛せる／和気あいあい／平和／達成感／心が通じあう／家族が増える／結婚生活／ハッピーな人

逆 退屈な日々に不満を募らせる

そばにいて当たり前／感謝を忘れている／意欲の低下／ルーティンワーク／なにをされてもうれしくない／みえを気にする／あやふやな幸せ／理想の愛を追い求める／不毛な人

カップのペイジ / PAGE of CUPS

KEY WORD ―「受容」

正 すべてを受け入れる豊かな心

告白される／心しだいで不可能も可能となる／個性／クリエイティブな仕事／秘密を共有する／相手の思いをくみとる／ロマンティックで甘い恋／体の関係になる／愛らしい人

逆 誘惑に流される弱い心

依存／仕事に集中できない／ルーズな勤務態度／無能な部下／甘言でだまされる／嘘／誘惑／成長できない関係／妄想の延長線上にある恋／未熟なカップル／人に甘える頼りない人

カップのナイト / KNIGHT of CUPS

KEY WORD ―「理想」

正 理想を達成する喜び

ロマンスの予感／プレイボーイ／うれしい知らせ／大抜擢／出世／思慮深い言動／清々しい気持ち／精神的な充実／繊細さ／誘いに乗る／プロポーズされる／利他の心をもつ人

逆 現実に直面する悲しみ

手玉にとられる／キザなセリフ／契約の不履行／不本意な仕事につく／聞いていた話と違う／二枚舌／恩着せがましい／不満足／はじめから終わりの見えている恋／目配りがきかない人

カップのクイーン / QUEEN of CUPS

KEY WORD ―「慈愛」

正 受け入れて本質を見抜く

相手を理解する／心に寄り添う／柔軟な対応／組織につくす／あたたかい職場／内省する／人徳／もの思いにふける／最愛の人を得る／愛を再確認する／親身になってくれる人

逆 受け入れて同情にひたる

優柔不断／辞めたいといいつつ辞めない人／無個性で埋もれがち／べったりの関係／ご機嫌うかがい／お人よし／なれあい／愛のない結婚／流される／恋多き人／煮え切らない人

カップのキング / KING of CUPS

KEY WORD ―「寛大」

正 悠然とものごとをこなす

安心感ある関係／心の声に従う／思いやりのある上司／望み通りの待遇／部下の成長を見守る／温厚な男性／芸術家／ゆったりかまえる／家族のように愛おしい／わかってくれる人

逆 ふりまわされ己を失う

浮気される／うさんくさい人／わいろ／脱税／泣き落とし／会社に搾取される／気まぐれな上司／薄っぺらい言葉／自分にも他人にも甘い／恋人を信用できない／気分しだいの人

＼ 気持ちをこめることが大切！ ／
タロットカードのつかいかた

マイルールを決めましょう

タロットで占う際の手順に厳密な決まりはありません。ですが、自分にとってのルールを決めることがとても大切。毎回、適当なやりかたをしていると、占った結果も「なんとなく」のあいまいなものに感じられるようになってしまいます。必ずこの手順で行うというルールを設定することで集中力が高まり、納得のリーディングができるようになりますよ。

1.
シャッフルする

こじんまりと遠慮がちにではなく、できるだけ大きく広げてまぜることを意識します。すると、占う場の空気ができてきます。

2.
1つにまとめ
3つの山にわける

カードを1つの山にまとめたあと、3つ（好きな数でもOK）にわけて、再度好きな順で1つの山に戻します。

3.
対面鑑定の場合は
相手にも行ってもらう

自分以外を占う場合は、相手にも**2**のプロセスを行ってもらいます。そうすると質問者も参加する姿勢になってくれます。

4.
天地を決める

逆位置を取り入れる場合、天（上側）と地（下側）に手をかざして、ピンときたほうを天にすると私の場合は決めています。

5.
7枚目から展開する

いちばん上と下のカードは見えることがあるので、7枚目から（好きな数でもOK）展開。最初の6枚は山の下に戻します。

6.
カードを
配置していく

カードはめくりながら配置しても、すべて配置してからめくっても、どちらでもOK。やりやすいほうで行いましょう。

2種類のシャッフルを
つかいわけましょう

右まわりの回転には「念を集中させる」作用が、左まわりの回転には「念を飛ばす」作用があります。
同じテーマを、スプレッドを変えて占う場合、右まわりにすることで、より思いをこめることができます。
占うテーマを変えるときやほかの人を占う前には、はじめに左まわりでシャッフルすると、カードに残ったエネルギーをリセットできます。状況に応じてつかいわけましょう。

カードのめくりかたに気をつけて

逆位置を取り入れるなら、カードをシャッフルして山にまとめる際に、どちら側を天（上側）にするか決めておきます。
カードをめくるときは、天地（上下）がわからなくなってしまわないように、上下ではなく、左右にめくるように気をつけましょう。
シャッフルをするための十分なスペースがなければトランプと同じ切りかたでもかまいません。その場合、カードの天地がまざるように意識しましょう。

シャッフルしない引きかたで手軽に

気軽に占いたい場合、シャッフルをするのは手間がかかると感じるかもしれません。そうしてタロットと縁が遠くなってしまうことも……。
そんなときにおすすめなのが「LUA引き」です。カードの束を身近に置いておき、占いたいことがでてきたらピンときた部分からもち上げて、表に向け、でたカードをリーディングするという方法。いくつかデッキをもっている人は、いろいろなところに置いておくと、すぐ占えますよ。

＼ こんなことも聞いてみたい！ ／

タロットにまつわる**Q**&**A**

Q. ──────→

逆位置のカードを
どうしてもじょうずに
読むことができません

A.

いっそのこと正位置のみで
読んでみましょう！

多くの人がつまずくポイントですね。難しいなら逆位
置を採用せずに読んでもOK。また、逆位置がでたら
「カードの意味がちょっとおかしくでているんだな」と
意識するだけでも十分。ちゃんと逆位置の意味を踏ま
えてリーディングできているはずですよ。

Q. ──────→

前に占ったときと
同じようなカードが
続くのはなぜ？

A.

カードの戻しかたにも
意識を向けてみて

そのカードが重要なメッセージを秘めていることもあ
りますが、単純にカードを十分にシャッフルできてい
ないことも。とくに、でたカードをそのまま束に戻すと
次のスプレッドで連続してでがちです。バラバラにして
束に戻し、しっかりシャッフルしましょう。

Q. ──────→

タロットで過去や
終わったことを占っても
よいのでしょうか？

A.

もちろんOK！
納得して前進できるようになるかも

今回、過去のできごとを占う方法（P135）を紹介しま
したが「亡くなったペットにもっとなにかできたので
は」というテーマで鑑定したこともあります。過去を占
うことは決して後ろ向きなことではなく、前に進むた
めに必要な場合もあります。

Q.

ちょっと変わった
タロットの
つかいかたって
ありますか？

A.

占いの結果を人に
プレゼントしてみては？

占いの結果を贈りものにしてはどうでしょう？　かつて
長期で海外へ行く人にカードを1枚引いてメッセージ
を贈ったことがあります。受け取る側に喜ばれるように
カードを読む練習にもなるので、誕生日や記念日にぜ
ひ試してみてください。ただし押しつけは禁物！

Q.

体調や
コンディションは
どれくらい占いに
関係しますか？

A.

結果に影響するので
無理はしないで

体調が悪いときは、やはりリーディングにも影響する
でしょう。気をとられて集中できず、不必要にネガティ
ブに読んでしまうことも。真剣な占いは確実に気力、
体力を消耗するので、体調の回復も遅れてしまいかね
ません。無理をせず、お休みしたほうがよいでしょう。

Q.

カードをめくるときの
ルールは
どうやって決めれば
よいですか？

A.

集中力を欠いてしまうので
ルールを1つに決めましょう

カードをめくるまでの作業（P186）に決まりはありませ
ん。「こうすると心が決まる」という感覚があればOKで
す。ただし、一度決めたルールをすぐ変更しないこと
は大事。集中力を高める助けにならないうえ、都合の
よいリーディングをしがちにも。

\ 発想力をみがきたい！ /

身につけておきたい小さな習慣

習慣 1

考えごとをする際は
タロットをお供に

ちょっとした考えごとをするときに、カードを1枚引くことを習慣にしてみてください。そして「なぜ今、このカードがでたのか」を考えてみて。通常のワンオラクルはカードに答えを問いますよね。カードのなかから答えを導こうとするのではなく、今そのカードを必要とした理由を自分自身に問いかけることで、考える力をつけことができるのです。

習慣 2

アプリでもOK
身近にタロットを置く

タロット習得の近道はなんといってもいろいろなことを占ってみること。日々、自分を実験台に「このカードがでると、こういう結果になるんだな」という経験値をためていきましょう。すると、より現実にあった答えを導けるようになります。
そのためにもつねに占えるよう身近にカードを置いておくことです。アプリを活用するのもよいですね。

習慣 3

自分だけの言葉で
いいあらわしてみる

〈愚者〉といえば「自由」のように、決まりきった言葉の連想になりがちな人は「じゃあ自由ってどういうこと?」と、さらに考えてみて。自分の言葉でいいあらわしてみましょう。頭のなかだけで考えず、口にだしてみたり、ノートに書いてみたり、必ずアウトプットすることを習慣に。教科書にはない自分だけの表現を探しましょう。

習慣 4

タロットと現実を
こまめに行き来する

普通はまずカードを引いて、現実のできごとに置き換えて考えるものですが、逆にも挑戦!「今のこの状況はあのカードみたい」というふうに考えてみましょう。カードに描かれた人と同じポーズをとっているときがあるかもしれませんよ。
タロットを現実になじませていくことでカードの意味の言語化がじょうずになるでしょう。

習慣 5 「自分が知らない自分」を想定する

自分が自分のことをすべて理解しているとは限りません。「こうしたい」と考えていても、実はそれほど望んでいなかったということだってよくあります。

自分に対する先入観がないか、確認できるツールがタロット。予想外のカードがでたときほど「自分の知らない自分がいるかもしれない」と思いながら読んでみましょう。

習慣 6 占いあえる友だちをつくる

かつてタロットといえば、ひとりでこっそり占うイメージがありましたが、これからはコミュニケーションツールとしてもつかってみて！ 友人の悩みを解決するために、それぞれスプレッドを展開して結果をシェアしては？ SNSでもやりとりできそうですね。人の解釈は勉強になりますし、タロット友だちをつくって占いあえるとよいですね。

習慣 7 1つのことを3通りに考える

これはカードを読むとき以外にできる、考えかたのレッスンです。いつも1つのできごとについて、肯定・否定・中立という3つの視点から見るクセをつけるのです。

先入観にとらわれず、可能性をいくつも探すようにしていると、カードを見たときに「こんなふうにもとれるのでは？」と柔軟な発想が生まれやすくなりますよ。

習慣 8 教科書に頼りきりにならない

教科書は、どうしてもリーディングできないときに参考資料にするくらいで大丈夫。占うたびに教科書をチェックして正解かどうか気にしていると、書いてある内容から離れられなくなってしまいます。

正しい、間違っているなんてことはありません。自信をもって堂々とリーディングするのも重要な練習なのです。

LUA　るあ

幼少期からオカルトと神秘の世界に関心を抱き、コンピュータ・グラフィックスのデザイナーを経て2004年に占術家に転身。西洋占星術、タロット、ルーン、ダウジング、数秘術などを習得。現在は、雑誌・書籍・WEBなどの各メディアでの占い関連原稿の執筆と監修を行っている。蜘蛛とホラーをこよなく愛している。
http://www.luaspider.com/

78枚ではじめる
つまずかない、
あなたにぴったりの答えを
導けるタロット

2024年12月1日　第1刷発行

著者	LUA
発行者	竹村 響
印刷所	株式会社光邦
製本所	株式会社光邦
発行所	株式会社日本文芸社
	〒100-0003 東京都千代田区一ツ橋1-1-1 パレスサイドビル8F

Printed in Japan 112241115－112241115 Ⓝ 01 (310103)
ISBN978-4-537-22244-9
Ⓒ LUA 2024
編集担当／角田

装幀・本文デザイン	月足智子
特典制作	長谷川剛（株式会社日本文芸社）
イラスト	STUDIO NOX
DTP	菅野涼子（株式会社説話社）
編集協力	山田奈緒子（株式会社マイカレ）、三輪宗太朗

乱丁・落丁などの不良品、内容に関するお問い合わせは小社ウェブサイトお問い合わせフォームまでお願いいたします。
ウェブサイト　https://www.nihonbungeisha.co.jp/
法律で認められた場合を除いて、本書からの複写・転載（電子化を含む）は禁じられています。
また、代行業者等の第三者による電子データ化及び電子書籍化は、いかなる場合も認められていません。

QRコードを読み取ってのウェブページの閲覧機能は、予告なく終了する可能性がございます。
QRコードは株式会社デンソーウェーブの登録商標です。